# 区块链+多层次场景应用

黄爱强◎著

中国纺织出版社有限公司

# 内 容 提 要

区块链具有巨大的发展潜力和广阔的应用前景，区块链技术的集成在推进科技创新和产业转型过程中发挥着不可估量的重要作用。为了更好地理解区块链技术及其在各行业的应用，本书从区块链入手，在讲述区块链技术、区块链应用理论支撑和区块链重要意义的基础上，重点讲解区块链在各行业的应用落地，包括多层次金融、共享经济、征信领域、数字医疗、万物互联、新零售、产业互联、数字教育、保障系统和数字社交。其内容完整、逻辑清晰、分析简洁、语言中肯，可供不同行业的企业借鉴参考。

**图书在版编目（CIP）数据**

区块链+多层次场景应用 / 黄爱强著. --北京：中国纺织出版社有限公司，2023.4

ISBN 978-7-5229-0374-3

Ⅰ. ①区… Ⅱ. ①黄… Ⅲ. ①区块链技术 Ⅳ. ① F713.361.3

中国国家版本馆CIP数据核字（2023）第039685号

策划编辑：曹炳镝 李立静　　责任编辑：段子君

责任校对：高 涵　　责任印制：储志伟

中国纺织出版社有限公司出版发行

地址：北京市朝阳区百子湾东里 A407 号楼 邮政编码：100124

销售电话：010—67004422 传真：010—87155801

http://www.c-textilep.com

中国纺织出版社天猫旗舰店

官方微博 http://weibo.com/2119887771

天津千鹤文化传播有限公司印刷 各地新华书店经销

2023 年 4 月第 1 版第 1 次印刷

开本：710 × 1000 1/16 印张：12.5

字数：127 千字 定价：58.00 元

# 前言

区块链技术已经走过了15年的光景。很多人疑惑，区块链技术到底能做什么？为什么区块链出现的这些年，我们的生活发生了翻天覆地的变化？

互联网的发展从1973年开放于世界，经历多年才建立了比较成熟的体系。区块链出现至今只有15年，如同20世纪80年代末的互联网，如今正在积累，等待着未来某天的薄发。

目前，区块链正在开启一场全新的进化，从“区块链”论“区块链”到如今的就“区块链”论元宇宙、Web3，我们无时无刻不在感受着这一场隐形之变。早前，如果区块链走向隐形，我们会将它定义为一种沉寂；现在，如果区块链走向隐形，我们会将它看作是一种成熟。

当下，一场相似的进化正在区块链行业上演。以元宇宙、Web3为代表的概念已经承担起了电商、互联网金融的角色，跟将由电商、互联网金融所造就的时代称为互联网时代一样，我们可以将由元宇宙、Web3所造就的时代称为区块链时代。并且，我相信，真正意义上的区块链时代，就是一个区块链从有形走向无形的时代，未来的数字经济新时代离不开区块链技术的应用。

如今，我们正经历着一场区块链应用的大爆发。区块链应用的不断出现，一方面拓展了区块链的想象空间，另一方面则不断地为区块链的发展积蓄着新的力量。从版权到视频，从金融到制造，从生产到生活，无一不是如此。当区块链的边界开始大举扩张，它就会变成一个无所不在、无所不包的全新存在，直至融入各个产业的细胞中。

在人类未来发展相当长的时间里，区块链技术将影响我们工作生活的方方面面，其代表着真正意义上区块链时代的来临，也是区块链真正成为一个时代的必然。

区块链具有巨大的发展潜力和广阔的应用前景，区块链技术的集成在推进科技创新和产业转型过程中发挥着不可估量的重要作用。在全世界万物互联的今天，运用区块链技术可以再次改变世界。各行各业要想获得发展，就要抓住区块链的契机，主动落地区块链技术应用。我国的“东数西算”工程，充分展示了区块链应用的中国智慧和中国方案。

为了让读者更方便地理解区块链技术以及其在各行业的应用，我特意编写了这本书。本书从区块链的底层技术入手，讲述了区块链的理论支持和重要意义，重点则是区块链在各行业的应用落地，比如多层次金融、共享经济、征信领域、数字医疗、万物互联、新零售、产业互联、数字教育等，力求分析简洁，语言中肯，以供不同行业的企业借鉴。

在区块链应用场景的创新上，我们一直在努力，今后也会坚持下去。实体企业一定要把握区块链数字化的机遇，牢牢抓住未来最大的数字资产红利。

黄爱强<br>2023 年 1 月

# 目 录

## 第一章 区块链的底层技术



## 第二章 区块链的应用理论支撑



## 第三章 区块链改变与完善人类社会进程

## 第四章

## 区块链+多层次金融：数字化金融业的底层构架



## 第五章

## 区块链+共享经济：促进资源共享，量化数字价值

## 第六章
## 区块链 + 征信领域：为征信体系引入新模式



## 第七章
## 区块链+数字医疗：不可篡改和超级精确



## 第八章
## 区块链+万物互联：为数字经济创造新生态

# 第一章
# 区块链的底层技术

# 区块链的基本概念和运行原理

区块链概念和技术充分展现了人类集群智慧的力量，基于区块链技术的自组织、自复制、自循环、自运行系统既融合和传承了人类历史知识的结晶，又深深灌注了新时代科技创新的原创性思想。在过去十年中，区块链在商业中的使用已经产生了广泛影响，远超基本金融交易的范畴。

如今，区块链技术已经应用于各个领域，提高了业务效率，减少了重复工作，降低了成本，那么究竟什么是区块链呢？其基本运行原理是什么呢？

## 一、什么是区块链

简而言之，区块链是一种不可变的数字分类账，可以记录托管交易并通过去中心化网络跟踪资产，几乎所有独具价值的物品都能用区块链进行交易、转移和跟踪，降低风险和成本。当然，资产可以是有形的，例如财产；也可以是无形的，例如身份。

区块链通过计算机网络分布式存储信息，任何人都可以共享却无法独自拥有该系统，你可以很方便地使用并操作它，甚至参与区块链公链的优化，尤其是终端的应用编程，但任何人都不可能破坏区块、破坏其记录的信息，更不可能破坏区块链本身。

不同于传统商业交易由一个中央数据库存储和处理所有交易数据，区块链技术要求所有数据都存储在区块链的每台计算机上。通过构建点对点的网络架构，区块链以一种自主、去中心化的方式运作，让信息存储变得更加安全和可靠。

区块链架构允许所有参与者在每次交易发生时共享一个通过点对点同步的区块信息，网络中的参与者既是信息的贡献者，也是信息的订阅者。各参与者都可以通过添加区块，接收其他人发送的交易信息或给其他人发送交易信息；同时，该信息在传输时，还会自动同步给区块链的所有参与者。

区块链并不高深，其实就是一个多方参与的加密分布式记账本，涉及三个关键词：记账本、加密和分布式。搞清楚这三个词，就能清晰地了解区块链技术。

第一个关键词：记账本

这个账本像银行账户一样，你在某银行里有多少钱、今天花了多少钱等，都是有记账的。

该账本不是普通的账本，前面有一个定语，叫多方参与。也就是说，该账本不是一个人记录的，也不是由一个中心化机构记录的，而是由分散在全球各角落的人一起记录的，甚至借助于卫星系统，可能还会分布在星空中。

第二个关键词：加密

通过一个密码学的手段，可以保证你的账户不被任何人篡改。就像我们去银行转账，银行会给你一个 U 盾一样，该 U 盾相当于账户的一把钥匙，只有拥有钥匙的人才能操作这个账户，才能转账。

在区块链里也有这个概念。在区块链开户时，系统会自动创建一把钥匙，然后借助该钥匙操作区块链上的账户。这把钥匙和使用钥匙进行账户操作的判断，都来源于这一加密学手段。这加密钥匙（密钥）一旦产生就是唯一的，一旦遗忘或丢失，按目前的技术条件，任何方法都无法破译或恢复。

第三个关键词：分布式

区块链这个多方参与的节点分布在全球任何一个网络节点里，不归属于一个特定的机构。像现在网站的一些系统里存在很多服务器，该服务器是多方参与的，但我们不能说它是分布式的。因为分布式有两个原则：一是它在物理位置上是分布式的，二是它在规则上也是分布式的。但网站服务器是归属于一个特定机构或个体的，不能称之为分布式。

如此，就将整个区块链串起来了：区块链就是分散在所有离散的点上的多个机器，可以维护一个特定的账户系统，而这种系统可以通过一种密码学的手段，保证操作的规矩性。

## 二、区块链的运行原理

区块链的“区块”，类似于储存数据用的硬盘，该区块就是保存区块链上信息的地方。通过密码学技术加密，可以保证这些被保存的信息数据无法被篡改。

区块链系统会对期间产生的所有数据进行检测，比如，交易记录以及该区块何时被编辑或创建的记录等，并将这些数据储存在一个新的区块上。该区块与前一个区块连接，各区块想要生效，都必须包括前一区块的相关信息，形成一根链条，因此称为“区块链”。

从本质上来说，区块链是一个去中心化的数据库，真正能发挥其所长的场景允许用户在无第三方中介参与的情况下进行协作，且不必彼此信任。在区块链网络中，任何一方都无法篡改区块链上的数据。用户如果想运行和独立验证区块链的状态，必须下载特定的钱包软件。只要启动相关软件，就能接入区块链网络中的其他计算设备，上传或下载信息。

软件会下载多个区块数据，对其真实性进行检查，然后将检验过的相关信息传递给其他计算设备。如此，就能得到一个由成百上千、上万个计算设备组成的区块链生态系统。这些计算设备被称为“节点”，全部运行在同一软件上，并同步更新、广播交易数据，实现了区块链的数据真实而去中心化的特性。

## 区块链的模型架构和衍生技术

### 一、区块链的模型架构

区块链系统由自下而上的数据层、网络层、共识层、激励层、合约层、应用层组成。该模型中基于时间戳的链式区块结构、分布式节点的共识机、基于共识机制的经济模型和灵活可编程的智能合约，是区块链技术最具代表性的创新点，其中数据层、网络层和共识层是构建区块链应用的必要因素，否则将不能称之为真正意义上的区块链。而激励层、合约层和应用层则不是各区块链应用的必要因素，有些区块链应用并不完整包括这三层结构。

（一）数据层

数据层是最底层技术，主要包含两大功能：数据存储、账户和交易的实现与安全。

狭义的区块链是去中心化系统各节点共享的数据账本，各分布式节点都能通过特定的哈希算法和 Merkle 树数据结构，将一段时间内收到的交易数据和代码封装到一个带有时间戳的数据区块中，并链接到当下最长的主区块链上，形成一种全新的区块，该过程涉及数据区块、链式结构、哈希函数、Merkle 树等技术。

1. 数据区块（Block）

数据区块的主要作用是保存交易数据，不同的系统采用的结构不同。

2. 链式结构（Chain）

经典的区块链是一种单向链式结构，由区块连接而成。第一个区块被叫作创始区块。除了创始区块，各区块都保留了上一个区块的哈希值，引用上一个区块的哈希值，区块间就形成了链式关系，从而形成了区块链。区块链内区块的数量，被称为区块的高度。

3. 时间戳（Timestamp）

区块链通过时间戳，保证各区块依次顺序相连。使用时间戳，区块链上的每一笔数据都具有时间标记。简单来说，时间戳证明了区块链上什么时候发生了什么事情，且任何人无法篡改。

4. 哈希（Hash）函数

哈希函数是将任意长度的输入内容，经过不可逆的处理过程，转换为固定长度的输出内容。主要有两大类：Message Digest Algorithm、Secure Hash Algorithm。

5. 默克尔树（Merkle Tree）

通常也被称作“Hash Tree”，顾名思义，就是存储在 Hash 值的一棵树。Merkle 树的叶子是数据块（例如文件或文件的集合）的 Hash 值。非叶节点是其对应节点串联字符串的 Hash。

6. 非对称加密

对称加密算法是指，在加密和解密时使用同一个密钥。

非对称加密是现代密码学历史上最伟大的发明，非对称加密的加密密钥和解密密钥是不同的，分别称为公钥和私钥。公钥一般是公开的，任何人都能获取；私钥一般是个人持有，不能被他人获取。公钥用于加密，私钥用于解密。公钥由私钥生成，私钥可以推导出公钥，而公钥无法推导出私钥。

（二）网络层

网络层是区块链的主要通信层，在网络层上构建了一个点对点网络，其中包括数据传输协议。

网络层包括分布式组网机制、数据传输机制和数据验证机制等，采用了完全 P2P（Peer to Peer）的组网技术。这种 P2P 组网技术是一种相对成熟的技术。而所谓 P2P 网络，就是对等网络，区块链网络的去中心化来自 P2P 组网方式，网络中各节点地位对等，以扁平式拓扑结构相互连接和交互，不存在任何中心化的特殊节点和层级结构，各节点都会承担网络路由、验证交易信息、传播交易信息、发现新节点等工作。

（三）共识层

共识层主要封装网络节点的各类共识机制算法。

共识机制算法是区块链技术的核心技术，因为它决定了到底由谁来记账，记账者选择方式会影响整个系统的安全性和可靠性。目前，已经实现了十多种共识机制算法，最关键的有工作量证明机制（Proof of

Work，PoW）、权益证明机制（Proof of Stake，PoS）、委托权益证明机制（Delegated Proof of Stake，DPoS）等。共识机制的作用主要有两个：奖励和惩罚。它们依据各自的机制得出算力进行奖励或惩罚。

共识层负责综合协调，可以保证全网各节点数据记录的一致性。常见的共识机制可以分为两大类：

1. 概率性的共识机制

先写入数据，之后再达成共识，如 PoW、PoS、DPoS，大概率一致就达成共识，计算的复杂度较高。如果一次共识出现多个记账节点，就会产生分叉，最终以最长链为准。节点数量可以随意改变，节点数越多，系统越稳定。

2. 确定性的共识机制

先达成共识，之后再写入，确认一致之后再达成共识，共识即确认。网络复杂度高，要求法定人数投票，各节点之间采用 P2P 广播沟通，没有分叉，如 PBFT、BFT 变种等。随着节点数的不断增加，性能逐渐下降，节点数量不能随意改变。

从应用来看，为了提高效率，使用共识机制时，需在安全性、可靠性、开放性等方面进行取舍。且现实社会的应用场景是多元化、多层次协作完成的，因此公链兼容高并发、支持多层次场景共存即从单一共识机制向混合共识机制方向演进就是必行之路。

（四）激励层

激励层将经济因素集成到区块链技术体系中，主要包括经济激励的发行机制和分配机制等，该层主要出现在公有链（Public Blockchain）中，因为在公有链节点中，必须激励遵守规则、参与记账的节点，并对不遵守规则的节点进行惩罚，才能让整个系统朝着良性循环的方向发展。

激励机制也是一种博弈机制，让更多遵守规则的节点愿意记账。而在私有链（Private Blockchain）中，不一定需要进行激励，因为参与记账的节点往往是在链外完成了博弈，可能有强制力或其他需求来要求参与记账。

（五）合约层

合约层主要封装各类脚本、算法和智能合约，是区块链可编程特性的基础。

智能合约（Smart Contract）是一种旨在以信息化方式传播、验证或执行合同的计算机协议，允许在没有第三方的情况下进行可信交易，这些交易可追踪且不可逆转或不可篡改。

智能合约并不一定依赖于区块链来实现，而区块链的部分基础链特效则决定了智能合约更加适合于在区块链上来实现，比如去中心化、数据的防篡改、高可用性等。

（六）应用层

应用层封装了区块链的各种应用场景和案例，比如可编程金融等。

## 二、区块链的衍生技术

（一）分片技术

分片是区块容量的一种解决方案。通常情况下，各节点和区块链网络都包含区块链的完整副本，分片是一种允许节点具有完整的区块链的部分副本的技术，可以提高整体性能和稳定速度。

1. 闪电网络（Lightning Network）

闪电网络是一种允许加密货币的交易即时发生和成本降低的技术。

闪电网络基于一个可扩展的微支付通道网络，通过序列到期可撤销合约RSMC，可以使交易双方在区块链上预先设置的支付通道进行的、多次高频的双向交易瞬间完成。同时，它通过哈希时间锁定合约HTLC，在没有直接点对点支付信道的交易双方之间，连接一条由多个支付通道构成的支付路径，实现资金的转移。

2. 雷电网络（Raiden Network）

雷电网络是一种以太坊链下扩容解决方案，可以让使用以太坊技术的加密货币即时且低成本地交易。交易双方只要在链上存在交易信道，就能在链下根据被锁定的余额进行高频、双向地即时确认交易，将多条通道形成的支付路径构成“雷电网络”。

3. 隔离见证（Segregated Witness，SW）

隔离见证是一种技术，可以把占用大量存储空间的区块的数字签名重新放置到不同的记录（也称为隔离）中，使各区块能进行更多的交易，达到扩容的目的。区块链上不仅记载了每笔转账的具体信息，还包括每笔交易的数字签名，核实交易的合法性。

（二）跨链协议

1. 跨链技术（Cross-Chain）

跨链技术是实现区块链之间互联互通的技术，对标互联网，则可以理解为“去中心化网络的结合”。

区块链技术的特性，让跨链技术的落地以及对于链外信息的获取变得异常困难，早期跨链技术以Interledger Protocal和BTC Relay为代表，多关注资产的转移；现有跨链技术以Aion、Kyber Network、Bletchley、

Polkadot、Cosmos 为代表，多关注跨链基础设施。

如果说共识机制是区块链的灵魂核心，那么对于区块链特别是联盟链及私链来说，跨链技术就是实现价值链网的关键，它是把联盟链从分散单独的孤岛中拯救出来的良药，是区块链向外拓展和连接的桥梁。

2. 原子互换（Atomic Swap）

原子互换是一种处于开发中的去中心化、无需第三方的新技术，允许在不同类型的数字资产之间实现无需信任的点对点交易，任何一方都能在瞬间完成的点对点交易中遵守协议，之后若一方退出，资金会在规定的时间内返回各方账户。

3. 见证人机制（Notary Schemes）

见证人模式是一种中心化的结构，通过选定一批见证人并在见证人之间采用拜占庭容错结构，监听目标链上的事件和状态并签名，进行资产的转移，比如，Ripple 的 Interledger Protocal 的早期版本。

4. 侧链协议（Sidechain Protocol）

侧链协议是一种实现双向锚定（Two-way Peg）的协议，通过侧链协议实现资产在母链和其他链之间互相转换，或以独立的、隔离系统的形式，降低核心区块链上发生交易的次数。

5. 楔入式侧链技术（Pegged Sidechain）

该技术可以实现数字资产在多个区块链间的转移，用户使用自己已有的资产，就可以对新的加密货币系统进行访问。

6. 中继技术（Relays）

中继技术是在两个链中加入一个数据结构，使两个链可以通过该数据结构进行数据交互，并在一个链上调用数据结构的 API，实现监听，对另一个链上的交易进行验证。如果该数据结构是一个链式结构，就会具备侧链的形式，并称作中继链。

（三）其他技术

1. 图灵完备（Turing Complete）

所谓图灵完备，就是在可计算理论中，当一组数据操作的规则（一组指令集、编程语言或元胞自动机）满足任意数据时，按照一定的顺序可以计算出结果。

2. 缠结（Tangle）

缠结是 IOTA 项目创造的一种改革性的去区块化分布式账本，不仅是可扩展的、轻量级的，还能在无需任何费用的前提下进行价值转移。

缠结是基于有向无环图（DAG）的机构，不是连链式架构，能定期添加区块，提高交替吞吐量，实现零交易手续费。

3. 有向无环图（Database Availability Group，DAG）

有向无环图是一个常被使用于计算机领域的数据结构。DAG 具备独特的拓扑结构，经常被用于处理动态规划、导航中获得最短路径等场景中。

在区块链领域，可以用 DAG 解决扩容性问题，通过增加区块大小或提高区块频率，在网络中产生大量分叉，但还需要 51% 的算力才能进行攻击。

4. 去中心化应用（Decentralized Application）

去中心化应用是一种在网络上公开运行的软件应用程序，由多人维护，而不是由一个组织维护，黑客不能改变应用程序的数据，除非他们能访问几乎所有的网络计算机并进行调整。

5. 去中心组织（Decentralized Organization）

该组织没有中央领导，以正式民主投票进程和共识主动性自我组织的结合，作为基本操作原则。

6. 去中心化自治组织（Decentralized Autonomous Organization，DAO）

该组织通过编码为智能合约的规则运行，由计算机网络支持，没有单一的领导者，是一种自主的或自治的组织结构。

## 区块链运作的七个底层核心技术

区块链运作的七个底层核心技术分别是：

1. 区块链的链接

区块链是由一个个区块组成的链。各区块分为区块头和区块体（含交易数据）两个部分，其中，区块头包括用来实现区块链接的前一区块的哈希值（又称散列值），以及用于计算挖矿难度的随机数（Nonce）。前一区块的哈希值是上一个区块头部的哈希值，计算随机数规则决定了哪个矿工可以获得记录区块的权力。

2. 区块链的共识机制

我们可以将区块链理解为一个基于互联网的、去中心化记账系统，可以在没有中心节点的情况下，保证各诚实节点记账的一致性。区块链技术的核心是在没有中心控制的情况下，在没有信任基础的个体之间就交易的合法性等达成共识。

3. 区块链的解锁脚本

脚本是区块链上实现自动验证、自动执行合约的重要技术，严格意义上来说，每笔交易的每项输出都不会指向一个地址，而是一个脚本。脚本类似一套规则，约束着接收方怎样才能花掉该输出上锁定的资产。

交易的合法性验证依赖于脚本。目前，主要依赖于两类脚本：锁定脚本与解锁脚本。锁定脚本是在输出交易上加上的条件，通过一段脚本语言来实现，位于交易的输出。解锁脚本与锁定脚本相对应，只有满足锁定脚本要求的条件，才能花掉该脚本上对应的资产。通过脚本语言，可以表达很多灵活的条件。

4. 区块链的交易规则

区块链的交易是构成区块的基本单位，也是区块链负责记录的实际有效内容。一个区块链交易可以是一次转账，也可以是智能合约的部署等其他事务。

5. 区块链的交易优先级

区块链交易的优先级由区块链协议规则决定。随着交易广播到网络上时间的延长、交易的链龄增加，交易的优先级就能逐渐提高，最终被区块包含。

6. 区块链的 Merkle 证明

区块链使用 Merkle 证明，可以将交易存储在每一个区块中，使交易不能被篡改，也容易验证交易是否包含在一个特定区块中。

7. 区块链的 RLP

RLP（Recursive Length Prefix，递归长度前缀编码）是一种用长度作为前缀标明编码对象中元素个数的编码方法，是对任意嵌套的二进制数据进行序列化所采用的编码方式。RLP 主要用于数据的网络传输和持久化存储。

# 区块链的颠覆力量来自哪里

区块链的颠覆力量源于它的以下几个基本特征。

## 一、区块链的匿名性

匿名性是指个人在去个性化的群体中隐藏自己个性的一种现象。

区块链匿名性则是指别人无法知道你在区块链上有多少资产以及和谁进行了转账，甚至是对隐私信息进行匿名加密。

除了资产方面的匿名性，多数基于区块链技术的应用也具备匿名性，在隐私保护方面大有所为，例如投票、选举、隐私保护、艺术品拍卖等。

通过区块链，可以查询到每笔交易的数据信息，却无法得知交易者。

区块链的匿名性特点在一定程度上很好地保护了用户的隐私。但是，区块链的匿名性也颇具争议，因为它在人们交易、隐私等方面起到了重要的保护作用，但也为一些违法犯罪行为提供了“保护伞”。

## 二、区块链的不可篡改性

所谓的不可篡改，是指在区块链中网络节点达到一定规模后，区块链中已经形成的数据很难被修改，但并不是100%不能被修改，只不过需要付出极高的代价。

在生活中，人们接触最多的是数据库，数据库最基本的操作是增删改查，其中删除和修改就是对数据库中已有记录信息的变更。为了不损坏数据，防止数据库被恶意修改，需要对数据库进行备份。而在区块链上，数据是无法篡改的，这个不可篡改主要通过两点来保证。

（1）所有区块都是通过区块头中的哈希与前面的区块紧紧绑定在一起，单纯修改一个区块没有任何意义，因为所有区块都是连在一起的。假如第一个区块被修改了，该区块后面的所有区块都无法找到它的潜入区块。因为将该区块的一个交易修改后，整个区块的哈希就会发生改变，要想将后面的区块都连起来，就要将后面所有的区块都重新产生一遍，这几乎是不可能的，难度非常大。

（2）所有的节点都保存了完整的区块数据，只更改其中一个节点或一部分节点的数据，根本无法改变全网的状态。因为很多节点都不被控制，任何人都无法修改这些节点的数据。

通过这两点，就可以保证链上数据的不可更改。

### 三、区块链的去中心化

从本质上来说，区块链的去中心化就是一个去中心化的分布式账本数据库，即各节点都有一个完整账本，各账本中都记录了从创始区块（高度为 0 的区块）到现在所有的信息。而我们一般接触到的传统金融系统，是分级保管的，每级仅保管了本级以下的数据。

区块链的去中心化，可以涵盖人类社会的各种行为规范，目前主要指的是交易过程的去中心化。人类社会发明货币交易以来都是中心化的，其目的就是有效防范交易过程中的各种欺诈行为，但同时中心化也会产生诸多缺点：

（1）成本高及效率低。由于中心化数据层级递送、交易手续及过程繁杂，成本高、传输效率低。所有的信息传播都要通过中心节点发送，节点之间的交流也需要通过中心节点来转发，这必然会导致传输效率低下。

（2）隐私泄露。每次交易都被某人悄悄记下来，十年过去了，自己都忘了的事情居然还有人帮你记着，比如你在哪天去了哪儿、住在哪儿、买了什么东西……他们都知道。

（3）安全性及可靠性风险。万物互联时代，信息数据海量，中心化节点安全隐患凸显，比如交易中心节点停止工作或被盗等风险增大。联网传感节点的数据经过其他服务商或者个人的智能节点进行数据传输，数据本身就有可能被非法篡改或者丢失，造成系统可靠性的下降。我们的各种信息都被保存在别人那里，自己看看也就罢了，还可能有意无意地丢了，不停地接到推销电话。

（4）数据滥用。通过数据分析，了解到你的喜好，就会给你推送你未必感兴趣的东西，同时还要按你的点击次数收费，甚至通过各种假服务如存储量或虚假不安全性恐吓等搜刮利益。

（5）决策、执行和风控三者难以统一。中心化的业务逻辑强调集权化，不允许公信力参与，因此极大地限制了复杂体系中各个结构要素的生态发展。尤其在中心化结构中决策者的指令、执行者的行为和风控者的监督必须分离，彼此之间的行动就会缺乏一致性，都可以找到理由为“自己”开脱，因此解决这个问题只能是去中心化。举个例子：“我”要去吃饭，决策者、执行者和风控者都是“我”一个人，不存在中心化问题，“我”很快就完成了吃饭的目标。但若是中心化，本来 100 张券对应 100

个蛋糕，人们凭券领取，每张券 1 个蛋糕。现在权威的第三方多发了 100 张券，那么两张券才能领取 1 个蛋糕了。

综上所述，区块链能解决的不仅是众多陌生人之间的可信交易问题，还能在确保安全的前提下协调一致地完成“我”的点对点交易，不再需要借助中间环节乃至中心机构。如此，我们的信息就不用保存在中心机构那里了，我们的隐私和安全也得到了保证。所以，区块链的应用场景价值，关键就在于能去中心化。

## 四、区块链的可追溯性

可追溯的意思是，任何人可以容易地查询到每一笔交易的所有流向。因为每个节点都包含着整个系统的全部数据，同时所有的交易和区块都是严格绑定在一起的。

区块链属于分布式数据库，记录了区块链每笔交易的输入输出，其交易记录具有多个副本并分散存储在多个不同的区块链网络的所有节点中，并且节点的数据是同步的，节点可以是服务器、笔记本电脑、手机等，因此可以轻松地追踪资产数量变化和交易活动，无论是登记、结算或实时对账能力，还是数据存证场景都是不可篡改的，这就是区块链的可追溯性，不会因为一台或多台电脑故障出现信息丢失，工作量太大时可由多台服务器进行分摊，是构建溯源、防伪以及多层次价值链网等场景应用的有力保障。

# 第二章
# 区块链的应用理论支撑

# 动态标准：多层次场景应用的重要依据

区块链是一种将数据区块有序连接，以密码学方式，保证其不可篡改、不可伪造的分布式账本（数据库）技术。在无需第三方背书情况下，区块链技术可以实现系统中所有数据信息的公开透明、不可篡改、不可伪造、可追溯等。

区块链是一种底层协议或技术方案，可以有效地解决信任问题，实现价值的自由传递，在数字资产、金融资产等的交易结算、数字政务、存证防伪数据服务等领域具有广阔的发展前景。

1. 多层次的出现

随着人类社会的发展，人类的社会活动越来越复杂，深度也越来越不一样，行为规范越来越细分。无论是个人还是社会群体，乃至生活或工作所依赖的各种要素都存在明显不同，个人身份、健康状况、需求品质、成长氛围、民族习惯、文化水平、社会地位、生产能力、环境条件、服务体验等逐渐分离甚至出现隔离的层次，客观与主观概念映射的关系也出现多层次的变化，各个地区的城乡发展均有不平衡不充分发展的过程，例如我国县域消费规模在稳步扩大、逐步升级的同时，也基本形成了多层次、多元化的消费场景，这种多层次的表现不同，必然也会阻碍社会价值的具体体现和延伸，阻碍社会秩序的稳定和社会进步的发展。虽然人工智能、大数据、云计算、5G、区块链等技术一定程度上拉近了这些层次的距离，尤其是区块链场景的应用必然要适用于这种社会多层次需要，而多层次场景应用及其多层次模型的复杂程度与变化频率是静态标准所难以分析和衡量的，必须有动态标准进行基准与实时度量。

2. 多层次价值流转和价值碎片重构

区块链技术在各行各业的多层次场景应用的最大意义之一是价值传递，在形成了链条垂直领域和网状纵横业态相交融的万物互联生态系统的基础上，其链条及网状相依所呈现的不同层次的价值流转应用即价值链网。价值链网比价值互联网在多层次场景应用上更明确，更方便于不同认知的人群理解和使用，已经完全超越了过去单纯的资本属性的数字货币概念，这就是价值链网多层次价值形成的核心，既是多层次价值碎片产生的原因，也是价值碎片得以多层次重构使用的基础。我们可以称之为多层次价值链网，沿用信息互联网概念也可称之为价值互联网。

随着价值链网的不断发展和完善，基于人民日益增长的美好生活需要的多样化、多元化所产生的需求价值碎片有了重构利用的系统和工具，目前，社会化消费和个性化需求是价值碎片产生的主要来源。传统消费的商品价格主要取决于使用价值和供求关系，在多层次价值链网的复杂价值流通生态体系中，不仅要实现多层次价值的流转与碎片重构利用，还要防止人为的价值与价格分离，尤其在不完全竞争环境条件下，以及当下资本日趋泛滥的残酷性和对实体创新力的压榨性情况下，必须有一整套自组织、去中心化、公开透明、不可篡改、不可伪造、可追溯的实时兑价系统，以保障算力与数字资产、价值与价格、使用价值与交换价值、劳动价值与需求价值的相对公平和稳定，最大限度地防止泡沫的产生或破灭。BM 区块链（Benchmarking Blockchain）概念就是为未来的区块链 + 多层次场景应用以及构建实时兑价系统贡献中国标准和中国方案。

区块链 + 多层次场景应用下的价值链网，必然需要制定专业的技术规范标准，最重要的就是制定规范统一的公链、私链及联盟链等交互应用的算力动态标准。其意义主要体现在：

（1）有助于各行各业、消费群众以及相关监管部门准确识别、去伪存真，打击违法犯罪，保护交互各方的合法权益。

（2）为国家争取国际话语权，贡献中国智慧和中国标准。不仅让中国为全球区块链技术应用贡献更多的力量，还可以将国家认可的标准变为国际通用标准。目前，世界上超过一半的区块链专利在中国。国家“东数西算”工程是对算力基础设施和算力需求空间分布不平衡、不充分应用所进行的世界资源范围内的优化配置，是对人类命运共同体建设与发展最重要的贡献之一。

（3）为数字资产及其价值流通的去中心化运作提供实时动态标准。国家级八大枢纽节点（十大集群）、省级节点和边缘节点等区块链大数据开放平台之间的交互需要重构海量的价值碎片和统一的算力技术标准及其适用场景判定。

（4）区块链技术为人类命运共同体所共同使用，因此其多层次场景应用也必然是跨界和跨境的。行业与行业之间的跨界交易、国与国之间及不同地区之间的跨境交易都需要对数字资产流通价值进行去中心化的实时评估和兑价。

3. 区块链 + 多层次场景应用适用性的动态标准

现在区块链技术已不是讨论适合不适合应用和如何管理的事情了，而是如何把握好数字经济发展趋势和历史机遇，公平公正、公开透明、安全稳定推进人类利益共同体财富分配新格局的重大事情。因此，促进我国区块链 + 多层次场景应用的适用性应该遵循以下五大动态标准：

（1）多信任主体。区块链是一种信任机器，应用环境最好是相互之间没有天然信任关系（如不同企业主体之间），需要通过区块链来搭建信任的环境。反之，如果双方是强信任关系，或已制定了完善的制度保障，就没有必要使用区块链了。

（2）多方协作。如果该场景协作方有很多，对账成本高，区块链底层的共享账本之上搭建的智能合约就能降低对账成本、提高效率。

（3）中低频交易。目前，区块链的并发性和扩展性还不足以应用于大规模高频交易，比如，股票交易所。

（4）商业逻辑完备。区块链节点之间要有完备的商业逻辑，形成多赢局面，参与者才有动力使用整条区块链。

（5）实时兑价。多场景应用是人类历史以来最复杂的生态体系，在去中心化操作尤其需要实现多个同构或 / 及异构数据之间的可信交互下，动态标准体系是公平公正实时评估和兑价的基础。

## 信用体系：信息时代下的自组织适应

在 2015 年，阿里巴巴研究院和中国社会科学院金融研究所举行了一个研讨会，提议要为互联网金融建立一个体系。而这个体系的核心就是信用的建立，近几年快速火爆的区块链技术为我们指出了方向。

为什么该金融体系的核心是信用的建立呢？这就需要了解一下曾经的交易模式了。

早期人们的交易是以物换物，比如，我手里有个尖锐的长矛，你有一袋水果，我想要你的水果，如果你也同意，我就可以拿长矛和你交换，这就是等价交易。

但是这样的交易模式源于早期人们的生活特点，大家的圈子很小，很少拥有流动性，可能一辈子都生活在一个小岛里，能见到的人只有十几个，需要交易的次数也非常少。但是随着交易品类及其时间空间的多层次化，流动性和需求大幅度增加，传统交易模式的弊端就日趋凸显。

比如，你现在拥有一些夏季食物，想换冬季才会有的食物，可其他人手上没有，就无法交易。这时交易模式就会发生改变，无法在同一时间交易，需要你先把物品交给对方，过段时间后，再将你需要的物品交易到你手里。这时就会出现一个问题，即如何确保我给你东西后，你会还我等价的物品？这里，最重要的就是信用体系的建立。

寻找一个可信任的第三方机构，比如小岛上的长老，类似于现在的银行和支付宝，就可以放心地交出自己的货物，日后拿着欠条让第三方机构获取未来的货物。但第三方机构不一定是绝对可信的，如果第三方机构在某天消失了，岛上的长老淹死了，所有的交易记录就会全部消失。

区块链技术的出现，搭建了一套全新的信用体系（去信任或零信任体系），不需要第三方机构参与。再回到小岛的例子中，假如小岛中有 100 个人生存，我现在想用以后做好的某件物品换取对方的食物，对方可以放心地给我，并在岛内广播这则交易，这样其他岛民就能见证这笔交易，不需要第三方机构证明，因为这则交易已经刻入了全岛民的大脑。如果想篡改大家的想法，让剩下的 98 个人都否认这则交易，就需要贿赂 98 个人，需要支付巨大的成本，远超出商品本身的价值。

互联网正好放大了这个效果，让全球的每个人成为节点，每个人在交易时进行全网广播，并接收别人的广播信息，一则交易会被所有节点记录下来，如果有人想篡改这则交易，成本之大可想而知。

这也是区块链去中心化和防篡改等技术优势的具体体现。

## 微模块：基于“人与数字”的高效商业活动与管理

目前，模块化区块链采用单片式区块链，位于 L1 上的三个组件，并对它们进行划分。如同劳动分工一样，拆分各组件，可以优化各组件并生产出更好的产品，整体大于部分之和。在人工智能、大数据、云计算、高速网络传输（5G）、区块链等应用技术时代，区块分解程度越高，即拆分性越大、微模块越细化，“组装配件”的传输性、可塑性、灵活性和集成性更大，其商业活动与管理更高效和安全。

1. 使用 Rollup 的模块化执行

Rollup 处理交易的速度比母链快几个数量级，Rollup 在更新 L1 的状态之前处理交易，无需承担共识和数据可用性的责任。

Rollup 不必像高度去中心化的 L1 那样关注共识或数据可用性，它们可以自由地对这些属性做出牺牲。

Rollup 的维护成本几乎为零，也不用承担安全所需的昂贵共识机制的负担。

2. 具有 PoS 验证器的模块化安全性

权益证明共识机制创建了一个无形的对象，主要负责系统的安全。该对象将物理硬件和网络安全之间的关联解耦（用数学方法将两种运动分离开来处理问题），不再由特定的计算机负责网络安全，而是所有计算机都可以负责网络安全。

权益证明网络消除了验证链的硬件要求，使普通消费者设备功能强大到足以验证链，优化了网络和硬件之间的连接。通过最小化硬件的作用，可以最大化链的可访问性，为最大数量的人打开验证链的可能性。权益证明将网络验证的要求降到了最低。

# 第三章
# 区块链改变与完善人类社会进程

# 区块链为什么能应用于各行各业

从技术角度来说，区块链是一种整合共识算法、非对称加密算法、分布式存储技术、P2P 网络技术等的互联网应用技术体系，可以实现数据记录、数据存储管理和数据传播方式的变革，推动了信息互联网向价值互联网（价值链网）的转变，区块链技术本身必然会成为与超文本传输协议（HTTP）同等重要的价值传输协议。

从市场应用角度来说，区块链的去中心化、透明、不可篡改等特征从技术上解决了信任问题，在一定程度上实现了去中介化，有助于降低中介机构存在导致的交易成本。

此外，区块链还能减少商业摩擦，降低信任成本，增值数字资产，促进经济活动的开展。

总的来看，可以从以下五个方面阐述区块链的重要价值。

1. 实现去中介化，降低中介成本

区块链是一种去中心化的分布式账本。

（1）去中心化实现了点对点的交易，分布式账本保证了交易能够快速反映在各交易参与者的账本中，实现了交易与清算的同步，因此，区块链消除了中心化的清算组织等交易中介存在的必要性，降低了交易中介带来的成本。以金融行业为例，区块链技术将对金融行业基础设施产生极大冲击。银行支付清算系统、证券清算登记系统、跨国的汇兑结算系统等中心化的系统的交易费高昂、效率低下，区块链去中介化和交易清算同步能够极大地提高支付清算效率，有助于经济活动的开展。

（2）区块链保证了数据记录全网公开透明和不可篡改，从技术上解决了信任问题，是人与人之间在不需要互信的前提下进行大规模协作的有效信任工具，在一定程度上替代了信任中介，有助于减少信任中介的成本消耗，帮助社会削减中介成本。

2. 解决数据追踪与信息防伪等问题

区块链技术为信息防伪与数据追踪提供了革新手段。区块链中的数据区块顺序相连构成了一个不可篡改的数据链条，时间戳为所有的数据信息贴上一套不可伪造的真实标签，可以实现数据交易记录全网透明、不可篡改和可追溯，有助于解决数据追踪与信息防伪问题，有效打击现实生活中的假冒伪劣产品和伪造虚假信息。

此外，区块链技术中记录可追溯和不可篡改的特征为构建诚信社会提供了除法律法规之外的一种技术工具。随着区块链技术的日趋成熟，区块链技术有助于重塑社会信任体系，降低社会经济活动信任成本，使社会管理更加高效和低成本。

3. 解决关键数据保护和授权访问问题

以用户隐私数据保护为例，当前用户隐私数据保护面临着安全问题。用户隐私数据保护和授权访问体现在对用户数据的获取、使用和审计等方面，区块链底层技术哈希算法、加密技术以及电子签名应用能够将用户隐私数据进行映射后加密存储于区块链，任何个人和组织访问用户隐私数据的时候都需要获得该用户的授权，只有经过该用户授权后，其他个人和机构才能有权利对数据进行访问和使用，且任何访问和授权都会有可审计的记录，因此，区块链可较好解决目前信息化应用突出的信息保护和授权访问问题。

4. 灵活的可编程特性有助于规范现有市场秩序

当今社会的市场秩序仍不规范，在转移资产时，无法保证所转移资产可在未来的使用过程中不偏离最初资产所规定的用途和方向。

区块链技术的可编程特性，可以在资产或价值转移的过程中将一段代码写入智能合约，以此来规定资产未来的用途和范围，有效解决资金被挪用滥用、贪污侵占等问题。

区块链可编程特性还可以帮助互联网以智能合约的方式及其算力数字资产与真实世界里的资产交互，更好地规范市场秩序，完成并促进贸易各方价值碎片的重构及利用。

5. 实现商业组织形态的重构和社会协作方式变革

区块链去中心化、数据不可篡改、可追溯等特征使区块链成为信任机器，建立了商业活动中个体与个体之间的信任，有助于商业活动去中介化，实现商业组织形态重构。

基于区块链共识算法和智能合约编程构建的信任关系的数字交易活动，可以极大地降低市场交易费用。

区块链作为信任机器，有助于实现个体与个体之间的大规模协作、自主组织、自主治理，最终形成一种全新的社会协作方式和商业模式，继而引发生产关系和需求关系的深度变革。

# 将人从信息网络拉进价值链网

区块链技术是一种去中心化的、无须信任积累的信用建立范式，任何互不了解的个体，通过一定的合约机制，都能加入一个公开透明的数据库，通过点对点地记账、数据传输、认证或合约，而不需要借助任何中间方来达成信用共识。

区块链正是基于开放透明、不可篡改、对等互联、易于追溯等特征，直接证明和确认某一主体的所有行为，确定性地解决了信息真实问题，区块链自然也就成了价值链网的基石。

到目前为止，区块链技术大致经历了 3 个发展阶段，分别是技术起源、区块链 1.0 及区块链 2.0。目前，区块链技术正在经历区块链 2.0 的深入和区块链 3.0 的探索阶段，区块链 3.0 时代把区块链的应用推到了新的高度，向政府、医疗、科学、艺术等领域渗透，引发了彻底的社会变革。

虽然不同国家对数字货币有着不同的监管态度，但发展区块链技术已经成为越来越多国家的共识。区块链与人工智能、大数据、云计算、5G、物联网等深度融合和创新突破，促进其在医疗、司法、工业、媒体等领域的探索和应用，构建新型分布式信任体系。

在我国，在政策、技术、市场等多重推动下，区块链技术正在加速与实体经济融合，助力高质量发展，对我国探索共享经济新模式、建设数字经济产业生态、提高政府治理和公共服务水平具有重要意义。

## 一、什么是多层次价值链网

发展至今，互联网已经经过了诸多转变。第一代互联网以盘算和通信手艺为基础，实现了全球信息的互联互通，因此也被称作“信息互联网”。

20世纪90年代，信息互联网最先商贸化，培育出了亚马逊、阿里等电商巨头。随着移动网络和终端装备的生长，信息互联网为终端用户提供了多样化的交流和协作渠道，每个人都能随时随地通过多样化的装备联网，在互联网上提供商品或内容等，实现了互联网的民主化。

信息互联网的广泛应用虽然大大降低了信息交流、共享、协作等成本，但无法保证信息传输的完整性，难以保障信息的隐私安全和真实可信。因此，信息互联网上的资金等主要生意信息通常依赖于银行、评判人、支付宝等可信第三方来保障生意的真实性。但第三方的介入依然无法完全清扫信息安全隐患。

区块链推动互联网迈入第二生长阶段，即从信息互联网向价值互联网转化。简而言之，多层次价值链网是指来源于人类社会不同领域的价值体系基于区块链技术通过万物互联所形成的价值链结构及数据与价值网结构及数据的有机交互或重构的紧密融合形态，是实现价值即时流转的生态系统，该系统去中心化、自主运行、自主进化，没有任何中央机构，也不收取中介费。

当前，区块链基础技术架构都是单链形态，通过联盟链或跨链技术实现了社会各个产业价值链条结构和行业网状业态结构交融，构成了当今多姿多彩的多层次价值链网雏形。多链条和网状结构的技术更符合繁冗复杂的多层次价值逻辑的实际应用，各行各业或者说各个领域都有可能针对不同的业务场景同质化或非同质化地去构造一条链或一张网，这些多维立体化及纵横交错的链网之间会存在海量数据交互的需求，即便是在同一个业务场景下，也需要构建一组共同配合工作的链来完成复杂的业务逻辑。完善的价值链网结构能够大幅度增进链与链、链与网、网与网之间的价值交互能力和碎片重构能力。以下可以通过四点来说明。

1. 价值多层次化

无论是从人类社会组成的个人、集体或国家，还是从人类社会集群行为，或是从时间与空间、结构与功能来分析，价值的构成要素属性都是多样化、多元化和多层次的，因此，决定了基于区块链底层技术应用的价值链网必然是多层次化的，是由各种不同层次的价值要素所组成的完整价值生态系统，能够承载未来数字经济发展的各种复杂条件和丰富变化需要，保障数字经济生态发展的特有生命力与活力。

多层次价值不仅表现在企业的内部产品结构，还呈现于不同的功能内涵，就是企业之间甚至同一行业不同品类产品的生产，其价值链都会有不同层次的价值创造活动。互联网时代，跨界跨境交互越来越普遍，各类电子商务交易信息、资源、市场及金融的价值创造必然是价值链网不同的节点之间密切交互和碰撞的结果，各类参与者之间不仅仅是一次性的单纯交易，更是形成了多层次的利益合作关系。尤其价值链网结合的生态系统参与者更是价值共享的利益共同体，每个参与者都可以从价值链网中创造价值、获取价值、变现价值，并在多层次节点中共同实现价值的流转。

2. 价值链与价值网有机结合

价值链是基于产品生产企业、上下游产业等所呈现的垂直性价值链条，成本与实现销售价格的差价及利润是其追求的目标；价值网则是由多个价值链或多个经济产业或行业所形成的网状性价值结构，资源匹配平衡利用充分以及网络共同成员效益最大化是其主要目标；而价值链网则是价值链与价值网的有机结合体，使不同层次的价值交互更加高效及均衡，价值碎片重构更加充分。数字资产是其最主要的特征，更具价值性、创新性、流转性和生态性。在价值链网，任何参与方都会互换角色，既是数字资产生态系统的消费者，也是创造者；既是构建网络空间命运共同体的具体实践，也是人类命运共同体、责任共同体和利益共同体的充分体现。

从本质上讲，价值链网呈现的总价值要远大于价值链与价值网的简单之和，价值不再是单一链条或传统的平行网状结构，而是多维度多层次纵横交错的价值链网结构。这也是区块链技术主导的多层次价值链网的颠覆性创新价值所在，是商业关系的一次彻底革命。

3. 资金价值互联互通

在信息互联网中，虽然信息能够在全球局限内即时流转，但跨国、跨省甚至跨银行支付却要通过银行、证券交易所等第三方机构验证、核实后才能完成，需要消耗大量的时间、人力和物力。

比如，要想完成一笔国际支付，银行等中央机构的运行也需要人力来维持。但在基于区块链的价值链网中，资金可以像信息互联网中的文字、图片、视频等一样实现线上即时流转，节约时间成本。同时，资金还能实现点对点的直接交易，不存在任何形式的中央机构，节约了大量的人力和物力。

4. 资产价值互联互通

价值链网中资金价值的流转，从本质上来说是一种数据，甚至可以看成是字符串的流通。通过物联网、传感器等数字化技术，将房屋、车辆乃至各品类商品等转化为数字资产，再根据上面注释过的资金价值流转逻辑实现更普遍意义上的资产价值流转，就能为更多行业和场景节约人力、物力和财力，创造数字资产财富的增值、流通及变现。

## 二、区块链在价值链网中的作用

价值流转是价值链网中的主要流动，而价值权属明白、历程真实可信、安全放心是完成价值流转的前提条件。区块链正是基于这些要素保障价值链网的正常运行。区块链在价值链网中的作用具体如下：

1. 信托构建

区块链技术整合了分布式账本、密码学、点对点网络、共识机制、智能合约等基础技术元素，能够形成不可篡改的可信数据记录。基于可信的数据记录，双方在互不认识的情形下，也可以放心地完成价值的流转与交易。

具体来说，在基于分布式账本的网络中，不存在单一的中央机构来追踪记录数据，而是由网络中的所有参与方来一起记录数据的流转与交易过程，而且所有参与方是平等互助的关系，平等共享网络中的所有信息。如果某个节点想要篡改网络中的信息，不仅要篡改自己手中的数据记录，还要篡改网络中其他所有节点中的数据记录，否则新的信息就无法通过其他节点的验证，从而无法生效。而篡改网络中所有节点的记录成本高昂，而且不可篡改技术极大降低了网络中节点作恶的可能性，保障了网络的可信性。

2. 价值确权

区块链通过分布式账本、密码学等技术，可以生成不可篡改的可信记录，基于这些可信记录，参与各方都能对网络中发生过的交易进行追溯和查询，明确每笔交易由谁提议、流向何方，从而起到明确资金、资产价值所属权的作用。只有在确定价值所属方真实拥有价值的所有权时，才能进行价值的流转与交易。

以万向区块链自主开发的供应链金融平台为例。平台中的中央企业，需要把支付给供应商的应付账款开立成电子凭证。该区块链平台可以追溯凭证的流转和使用情形并生成可信记录，证实供应商对应付账款的所有权以及可用金额。供应商依附这些可信记录可以直接向平台上的金融机构进行融资，有效提高中小微供应商的融资效率。

3. 隐私安全

如果数据隐私安全得不到保障，网络中的参与各方一般都不愿意进行数据共享和交易，从而阻碍了价值的流转。

区块链通过集成密码学技术能够让参与各方在不泄露隐私信息的情形下，实现价值的流转与交易，通过多方安全计算、同态加密、零知识证明等密码学技术，实现数据的多方安全共享。

可见，区块链技术在信托构建、价值确权和隐私安全等方面具备独特的优势，对效率低下、隐私数据泄露等明显的网络问题具有现实的应用价值，推动互联网从传统的文字、图片、视频等信息的互联互通，走向更为适用的多层次数字资产的互联互通。

当然，价值链网功能要完全实现，需要更加成熟的区块链技术和更加完善的底层基础设施。目前区块链技术的发展和应用尚处于早期研发阶段，相关概念界定、应用模式、潜在风险和监管诉求等尚有待实践的验证。

在合理监管的框架下，利用区块链的根本特性，与实体经济、民生、社会治理等结合在一起，区块链就能成为发展数字经济、构建新型信任体系的重要基础技术之一，区块链也将促进中国新一轮科技革命和产业变革。

## 助力人们实现信用自证

### 一、分布式记账

随着数字经济的高速发展，资本市场中落后的基础设施、效率低下和成本高昂的数据储存部分已经跟不上数字经济发展的步伐，区块链技术的分布式账本的诞生直接推动了数字经济的成熟。

所谓分布式账本，就是很多人一起记账，如同成千上万的账房先生同时记账，每记满一页就停笔，然后同步给所有人看，经过大家的确认后，再装订到账本上。因为其他账房先生会审他的账，发现造假，就会把他踢出去，这样就能杜绝记假账，这就是区块链的共识机制。

从本质上来说，分布式账本就是一个可以同步在由多个站点或多个机构组成的网络里进行分享的资产数据库。在一个网络里的参与者可以获得一个唯一真实账本的副本，账本里的任何改动都会在所有的副本中被反映出来，反应时间为几分钟甚至几秒钟。

分布式账本可以进行颠覆性的技术替代。从商业的角度来看，这给市场降低了成本，从技术代替也可以扩展到一个可扩展的“智能账本”，形成一个全新的全球 C/S 架构（Client/Service）基础设施。分布式账本技术还是一个真正的全球点对点网络，可以代替传统的资本市场系统。

分布式账本最大的优势是，分布式账本技术可以有效地改善当前基础设施中出现的效率极低、成本高等问题。在某些情况下，特别是在有高水平的监管和成熟市场基础设施的地方，分布式账本技术更可能形成一个全新的架构，而不是完全代替当前的机构。

区块链的分布式记账把社会上第三方机构都纳入进来，一起构建信用体系，保证个人征信更加全面和准确，降低资本市场人为“绑架”信用机制的风险。

## 二、区块链信用

征信的存在，解决了人与人、人与机构之间的信任问题。但是，如此重要的个人信用数据一直以来却并不被个人所拥有，而是被征信机构、银行、第三方支付机构等所拥有和垄断。而且，这些中心化的机构往往由于“不可控的人性”因素，无法保证征信信息不被泄露。同时，在以前很长一段时间里，由于技术等原因，监管并没有做到彻底到位，一方面，有些“老赖”心存侥幸，能躲则躲，在履行约定之前，快速转移房产或财产，逃避相关惩罚；另一方面，套路贷或投机资本则人为“绑架”信用体系，滥用信用机制压榨和掠夺个人或企业的创新性成果。借助区块链的监管，就能很好地解决这些问题。

区块链信用是通过区块链的分布式记账技术，将信用数据上链，区块链会永久保存你的信用数据，使个人资产的全部信息可以被快速看到。过去资产情况只是一个静态报道，运用分布式记账的技术，资产的情况就会成为一个动态报表，成了一段录像。

区块链信用报告是自己的信用资产、征信报告的一部分，应用到租充电宝、租车、租房等场景，“个人征信报告”就能真正成为数字时代的“个人经济身份证”。

区块链在个人信用领域的应用，是将信用数据重新放回大众手中的最佳方式。通过区块链获得信用报告，人们将不再需要依靠外部机构向他们提供信用的快照，人们可以完全拥有自己的真实数据，同时有能力提供完整的信用记录，而不仅仅是目前可用的征信报告。

## 区块链技术与人类命运共同体的构建

人类命运共同体思想是中国领导人提出的伟大哲学体系、中华民族伟大复兴之本及当今最重大的外交战略理念，无论在外交实践中，还是在学术研究中，都是一个重要课题。在既有研究中，学界主要围绕如“一带一路”、亚投行建设等新时期中国的重要外交战略，论述人类命运共同体如何落地为全球治理实践。我认为，在国家外交战略以外，人类社会的技术发展将有助于推动国际社会超越传统国际政治中的诸多陷阱，实现人类命运共同体。其中，区块链技术及其衍生的数字资产将扮演着重要角色。

以人工智能、量子信息、移动通信、物联网、区块链为代表的新一代信息技术加速突破应用，学科之间、科学和技术之间、技术之间、自然科学和人文社会科学之间日益呈现交叉融合趋势，科学技术对国家的前途命运造成了巨大影响，影响了人民生活的福祉。

区块链作为一种技术，在全球治理中的积极价值和潜在风险，从技术和社会相互建构的角度出发，指出区块链是一项具有政治意义的技术：既是一种政治理念的结果，也有利于公共事务的治理。

区块链技术在全球治理中的运用，从行政和管理的角度看，使其成为提高全球治理效率的中间公共物品，从政治的角度看，使其具有介入全球政治理念冲突，推动人类命运共同体实现的潜在价值。具体来说，这种推动力表现在：

1. 解决全球集体行动中的信任问题

信任是国际关系中最好的黏合剂。当前，国际竞争摩擦呈上升之势，地缘博弈色彩明显加重，国际社会信任和合作受到侵蚀。破解信任赤字是实现人类命运共同体的重要任务。如果共同体的范围超越相对狭隘的地方、民族或国家边界，扩展至人类整体，信任纽带将遭受挑战，正是在缺乏信任的情况下，全球治理涉及的诸多集体行动目标面临困境。

区块链技术通过将信任的来源从个体、机构和国家转向算力及其数字资产，减少了全球集体行动中的不确定性，创造了一个稳定的信任来源。从技术上来说，这种基于算力的信任可以扩展至全球，为推动人类命运共同体的实现提供了助益。

2. 推动全球民主决策

作为非中心化的分布式网络，当区块链技术被运用于全球公共事务之中时，依靠算力的辅助和约束，就能打破传统权力政治制造的决策不民主的高墙，并超越一般意义上的国际政治民主化，赋权于个人，实现立足于人民的全球民主决策。

3. 推动开放透明和高效的全球治理

区块链本质上是一个账本，将该技术应用于特定全球治理议题中，作为节点的各成员都拥有副本。

区块链技术的开放透明性，有助于缓和阶层间的分裂和社会不信任，推动全球化进程的深入稳定发展。此外，在传统的全球治理实践中，机制的强制力通常要在事后执行，智能合约的运用意味着将强制力前置，当提前确定好的智能合约满足触发条件时，即使是在分散的环境中也可以依靠技术底层实现强制力。

跨越国界的事前的智能合约，有助于增强治理效率，避免逃避责任和讹诈行为，推动人类命运共同体的建设。

# 第四章　区块链+多层次金融：数字化金融业的底层构架

# 区块链+多层次化的金融优势

说到区块链，就要谈到金融，为什么金融行业离不开区块链呢？区块链应用于金融领域的好处又有哪些？

1. 区块链能够降低信任风险

区块链技术具有开源、透明等特性，参与者能够知晓系统的运行规则，验证账本内容和账本构造历史的真实性和完整性，确保交易历史是可靠的、没有被篡改的，提高系统的可追责性，降低系统的信任风险。

2. 区块链能够提高支付、交易、结算效率

在区块链上，交易被确认的过程就是清算、交收和审计的过程。区块链使用分布式核算，所有交易都实时显示在类似于全球共享的电子表格上，实时清算，效率大大提高，有效降低资金成本和系统性风险。

3. 区块链能够降低经营成本

金融各个业务系统与后台工作，面临长流程、多环节。现今无论是VISA、MASTER CARD，还是中心化运营，货币转移都要通过第三方，从而进一步增加了跨境交易、货币汇率、内部核算、时间花费等成本，并给资本带来了风险。

区块链能够简化、自动化冗长的金融服务流程，减少前台和后台交互，节省大量的人力和物力，优化金融业务流程，提高金融的竞争力。

4. 区块链能够有效预防故障与攻击

传统金融模型以交易所或银行等为中心，一旦中心出现故障或被攻击，就可能导致整体网络瘫痪，交易暂停。区块链在点对点网络上有许多分布式节点和区计算机服务器来支撑，任何一部分出现问题，都不会影响整体运作，而且各节点都保存了区块链数据副本。所以，区块链内置业务的连续性有着极高的可靠性、纠错性和容错性。

5. 区块链能够提高自动化水平

所有文件或资产都能够以代码或分类账的形式体现，通过对区块链上的数据处理程序进行设置，智能合约及自动交易就可能在区块链上实现。例如，智能合约可以把一组金融条款写入协议，保证合约的自动执行和违约偿付。

6. 区块链能够满足监管和审计要求

区块链上储存的记录具有透明性、可追踪性、不可篡改性的特征。任何记录，一旦写入区块链，都会被永久保存且无法篡改，任何交易双方之间的交易都是可以被追踪和查询的。

## 银行结算：实现平等、互信、开放

### 一、什么是银行结算

银行结算是指通过银行账户的资金转移实现收付的行为，即银行接受客户委托代收代付，从付款单位存款账户划出款项，转入收款单位存款账户，完成客户之间债权债务的清算或资金的调拨。在此过程中，银行既是商品交换的媒介，也是社会经济活动中清算资金的中介。

国内银行结算方式主要有银行汇票、商业汇票、银行本票、支票、汇兑、委托收款、托收承付、信用卡、信用证等。与国内银行主要依靠存贷差盈利的模式不同，跨国银行盈利的半壁江山源于中间结算业务，对于他们来说，如果开辟新的业务领域、合理降低结算成本，直接关乎其根本。

## 二、传统的银行清算

比如，从美国跨境汇款到中国需要 3 ~ 7 天不等，不仅难以获得良好的用户体验，对银行等金融机构来说，让货币在全球流动也是一件相当费时费力的工作。

如果两家银行间暂未建立金融关系，那么从一方向另一方作跨境支付或汇款，就会涉及环球同业银行金融电讯协会协议，也就是我们通常所说的 SWIFT，平均每天要为 1 万家金融机构提供超过 2400 万次的交易信息服务。如果要在两家尚未建立金融合作关系的银行间进行支付和汇款操作，就需要在 SWIFT 网络上找到可以提供跨境服务的交易通信节点，来完成交易和汇款的清算与结算。

在整个过程中，不仅会产生较高的手续费用，还会给银行造成巨大的压力，因为各交易通信节点行都有自己的一套账本体系，而对账则需要在交易日结束前完成。

另外，在 SWIFT 协议之下，付款交易通信节点行跨境发送的并不是真实的资金，只是付款请求。实际的资金流动只在付款目的地的中介行之间进行，而实际资金流动的每一步均会产生费用，且需要人工干预。

## 三、区块链清算体系

最近被世界各大媒体广泛报道的所谓“金融核弹”事件，就是因为俄罗斯的银行被剔除出 SWIFT 网络，使其无法进行国际金融交易，造成了国际上不同程度的恐慌。从这个意义上来说，银行结算迫切需要更广泛地引入区块链技术，以实现全人类的平等、互信、开放的清算和结算系统。

区块链技术可以为目前的国际清算与结算体系带来一场革新。

与传统上使用 SWIFT 协议来保证金融机构间账本一致不同，一个银行间的区块链系统可以做到公开且透明地记录所有交易。这意味着所有的交易都可以直接在区块链上做结算，不再需要依赖一个由托管服务和交易通信节点行构成的网络体系来完成结算，可以降低用于维护传统网络体系的高额成本。

目前，将区块链技术用于银行等金融机构，既给金融行业的发展提供了宝贵的机遇，又给整个行业的发展带来了挑战。从长远来看，银行等金融机构利用区块链技术来提高支付结算的业务效率和创新管理模式，会成为未来行业发展的最大趋势。

## 四、区块链给银行结算带来的可能性

区块链给银行结算带来巨大的突破和可能性，优势在于区块链技术的应用可以大幅提高结算的可溯源性、信息的安全性和结算效率。

1. 可溯源性应用

利用区块链技术的可溯源性，可以有效减少结算过程中的操作风险。而为了减少操作风险，就要了解每一笔结算的起源和最终流向。

首先需要明确的是，区块链在银行应用的前提是一定不能让全网接入节点，因为区块链自身的开放性和透明性，会导致结算信息完全公开化，而银行业自身对客户信息的保密要求又与这样的信息公开要求相悖。

为了解决这个矛盾点，就需要通过私链的方式，即仅允许各银行网点接入区块链节点，但区块链区块信息不对公众公开，区块链记录的结算数据仅用作银行内部结算衡量标准；同时，对银行内部工作人员的区块链使用权限进行级别分类。例如，普通网点柜员只有编辑权限，没有查看权限，只有达到一定的级别要求，才能查看相应的内容。

此外，区块链的可溯源性这一特性还可应用于银行的政府结算。例如，如果各大银行的政府结算都严格在区块链上记录，通过区块链可溯源的特性，可以查到政府的每一笔消费情况，包括每一笔资金的流向。

只要有区块链技术，政府结算将处在一个相对透明的环境下，有助于加强对政府相关部门的监督。

2. 分布式记账与存储应用

分布式记账与存储在结算信息的安全性上能给予更大保障，不仅便于监管，还增强了结算工作的容错性。

在集中存储的模式下，区块链技术因为记账和存储功能分配给了各参与的节点，系统服务器不会出现崩溃等问题。整个数据库的持续运转由于区块链系统强大的容错能力，不会受到其中一个或几个节点出错的影响。因此，分布式记账与存储使区块链技术在结算业务全面应用具有可行性。一旦全面应用取代传统的结算流程，系统的稳定性是考虑的必然因素，而区块链的这个特性极强地保证了整个系统运行的有效性。

3. 包容性和便捷性应用

基于区块链技术建立起来的数据库，是一个所有节点共同组成的巨型数据库，与系统发生的结算活动相关联其他交易活动的信息及结算活动本身，都可以存储在这个巨型数据库中，使业务模式具有极高的包容性。

由于区块链去中心化的核心技术优势，在实际结算应用时，不涉及中间机构，交易双方可以直接进行端到端支付，在一定程度上可以提高速度和降低成本。

在传统的结算业务中，银行间的结算依赖于支付清算中心即中间机构的处理，需要经历发起支付、反馈、记账、对账等一系列繁杂流程，耗时耗力。如果要实现商业银行通过区块链技术进行端到端支付，提高结算效率、降低营运成本，就可以通过中央银行建立区块链系统，或通过商业银行建立区块链联盟。

## 跨境支付：下一个蓝海

随着近年来跨境电商的迅猛发展，越来越多的优质海外商品正加速进入中国市场，跨境市场也成为下一个万亿级别的蓝海。

目前，第三方支付市场呈现出“双寡头”竞争格局，财付通和支付宝一起瓜分了移动支付整体市场高达92%的交易份额，牢牢占据着C端市场，在其应用领域，如电商、航空、游戏等已渐趋饱和，逐渐步入稳定增长的成熟发展阶段。

一直以来，传统的跨境支付方式涉及的中间环节较多，费用较高，到账时效性较低，跨境电商卖家在跨境支付环节，面临境外银行账户难申请、多平台店铺资金管理复杂、提现到账速度慢等问题。再加上依赖第三方机构，整个跨境支付需要支付相应的手续费，大大影响了支付效果。

区块链与跨境支付的结合，可以改善成本结构，提高盈利能力，实现全天候支付、瞬间到账，不仅可以加快交易进度，还能节省大量的手续费。

招商银行跨境汇款产品升级，利用金融科技创新，使用区块链直联汇款快速支付，通过总行与境外分行 / 子行间的直联通道实现快捷便利的跨境支付，一笔直联支付的报文可在数秒内完成交互。

中国银行通过区块链跨境支付系统，成功完成了河北雄安与韩国首尔两地间客户的美元国际汇款，这是国内银行首笔应用自主研发区块链支付系统完成的国际汇款业务。

中国银行在国际支付系统建设上取得新突破，这一次跨境汇款的成功，说明区块链技术在银行国际支付清算业务方面的重要性。

## 一、传统跨境支付模式

### 1. 我国跨境支付主要模式

目前，我国跨境支付主要包括四类模式：银行电汇、专业汇款公司、国际卡组织以及第三方支付公司。

（1）银行电汇。这是最传统、使用最广泛的跨境支付方式，通常通过环球同业银行金融电讯协会系统传输交易信息，一般在数个工作日内到账，费用为几十美元，主要用于 B2B 等大额汇款。

（2）专业汇款公司。通常与银行、邮局等机构进行合作，在其营业网点设立代理点，扩展营业范围，部分专业汇款公司也可通过互联网渠道提供服务。目前，中国市场主要有西联汇款、速汇金、PayPal、快汇等，一般用于小额汇款。

（3）国际卡组织。如 VISA、MASTER CARD、中国银联等主要通过线上或线下刷卡方式付款，向商户收取手续费，客户需支付货币转换费用。

（4）第三方支付公司。目前，国内市场从事跨境支付业务的第三方支付公司可分为三类：一是境内获得“支付业务许可证”和跨境支付业务许可的非银行支付机构，如支付宝、财付通等；二是在境外获得相关许可但未获得境内许可的机构，如 WorldFirst 等；三是未获得相关资质的公司，作为国际卡组织或银行的代理商从事跨境支付业务，如 PingPong 等。第三方支付公司按交易金额向商户收取手续费。

2. 传统跨境支付存在的主要问题

（1）交易时间较长。传统跨境支付业务需经过付款机构、付款清算行、清算组织、收款清算行、收款机构等多个环节，各环节均需对交易真实性、合规性进行审核，还需要进行清结算以及对账，各个环节为串行状态，不能并发进行，资金在途时间较长。同时，由于时差问题，各国工作时间不一致，转账会受到营业时间限制。目前，部分服务商简化了个人跨境汇款流程，但 B2B 业务的交易时间仍然较长。

（2）交易费用较高。传统跨境支付业务需经过多个环节，各环节均需收取一定的手续费，交易费用较高。调查显示，目前的跨境支付成本约为 7%，远高于境内支付结算费率。

（3）安全性较差。传统跨境支付模式经过的中间机构较多，客户信息在各中间机构均有留存，存在信息泄露风险。同时，不同国家法律及监管政策、技术水平、市场环境、信用等级差异较大，欺诈交易、持卡人拒付等风险较高。

（4）自主性较差。我国大部分跨境支付业务依赖于SWIFT，如果境外通过SWIFT设置交易障碍，将对我国外贸行业和跨境支付业务产生较大影响。

## 二、区块链与跨境支付融合的优势

区块链与跨境支付融合，主要具备如下几个优势：

1. 点对点模式降低跨境支付成本

区块链点对点模式不再依赖于传统的中介提供信用证明和记账服务，任何金融机构都能利用自身网络接入系统，实现收付款方之间点对点的支付信息传输。

2. 共享账本提高跨境支付效率

区块链中所有节点共享账本，节点间点对点的交易通过用共识算法确认交易，并将结果广播到所有节点，不再需要交易双方建立层级账户代理关系，实现点对点价值传输。

3. 分布式架构提供业务连续性保障

区块链网络分布式的系统架构不存在中心节点，网络上的各节点在遵循必要协议的基础上自发进行交易和记账，具有更强的稳定性、可靠性和业务连续性保障。

4. 时间戳实现跨境交易的可追溯性

时间戳可确保所有的交易活动都可被追踪和查询到，降低跨境支付交易的监管成本。

5. 自动执行的智能合约提高交易效率

跨境支付业务的办理需要按照 KYC 政策（充分了解你的客户）对客户身份进行审核，通过区块链智能合约限定价值传输的条件，提高交易的自动化程度。

整体来看，区块链 + 跨境支付具有诸多其他技术不可比拟的优点。区块链 + 跨境支付的逐渐落地，提高了效率，降低了成本，给第三方支付在跨境电商出口贸易领域提供了更多可能性。

## 智能票据：避免信息的互相割裂和风险事件

票据作为支付、结算、融资和货币政策的便捷工具，满足企业和银行的短期资金需求，因其在利率市场化中的主导作用而受到金融机构和监管机构的高度重视。从 2009 年开始，我国推出了电子票据，纸质票据和电子票据并行。目前，中国票据市场活跃规模迅速扩大。

区块链数字票据实际上是电子票据的延伸，即在电子票据的基础上引入区块链技术形成数字票据。这种数字票据是一种全新的票据形式，其技术基础与传统的电子票据完全不同。与传统的电子票据相比，区块链票据更安全、更智能、更具价值性，因而更有发展前途。

### 一、票据市场面临的问题

票据作为一种信用工具，被个人或企业所使用。是金融交易中债权债务发生、转移和偿还的体现。目前，票据业务领域存在诸多问题，其中主要问题是票据的真实性、资金转移不及时。

1. 票据真伪难辨

在今天的市场上，假票的存在对票据的真实性造成了很大的负面影响。票据市场迫切需要有效的措施来改善。

2. 转账不够及时

在商业交易过程中，经常会发生票据到期但对方没有及时转账的情况。这是商业票行业普遍存在的问题。

承兑人在汇票到期时未能及时转账的情况看似简单，但解决起来非常困难。虽然可以通过诉讼解决，但在实践中并不那么容易。

（1）如果企业选择司法程序起诉承兑人，需要考虑在商业票提示付款签字后，是否可以通过诉讼行使追索权。票据追索权是指持票人在提示承兑后未被承兑时，依法向其前手要求支付票据金额的权利。因此，只要持票人没有实际收到付款，就可以依法主张追索权。

（2）企业需要证明自己是票据的合法持有人。电子汇票是出票人利用电子商业汇票系统，以数据电文形式制作的，经银行验证，在指定日期支付给持票人的票据。实际上，大多数持票人都会从电子商业汇票系统打印出商业汇票，但法院会在审判过程中检查商业汇票的真实性。

（3）考虑是否可以起诉所有前手。根据法律规定，权利人选择起诉所有在先当事人的，必须提供驳回证明，否则诉讼不成立。但在很多情况下，商业票的状态并不能反映持票人的拒绝，此时持票人可能丧失对前手的追索权。

## 二、区块链应用于票据管理的优点

将区块链应用于票据管理，具备如下几大优点：

1. 解决了票据发展过程中票据管理的许多问题

近年来，随着我国票据市场发展的深入和规模的不断扩大，票据管理也相继产生了很多问题，其中不乏操作风险、法律风险、信用风险和利率风险等问题，甚至银行内部可能存在操作流程或业务制度不完善等问题、查询和监管缺乏统一、不分离票据管理业务岗位职责、有效信息交流和反馈机制缺乏等一系列问题。

而区块链技术通过管理中心对各节点公共账本的业务统计分析，可以很容易掌握所有票据的现存状态，且操作可通过建立约束代码来实现，避免出现到期违约问题。

在央行推行票据数字化的大背景下，票据管理的趋势便是数字化，所有票据在区块链管理时均以数字形式存在，大大降低了真假票据、不法票据出现的概率。所有票据分门别类、统一管理，同时通过代码完善反馈机制，规避了管理风险。

2. 区块链带来的其他优点

区块链作为当下热门的技术，其本身便具有许多特点，而这些特点应用于票据管理后也带来了许多优点。

（1）促进票据市场信息的真实与统一。区块链技术最特殊的特点便是其去中心化特性，这一特点带来的优点是，一方面可以减少中心服务器的接入及应用成本，另一方面可以减少信息的接收存储空间。如此，就能有效降低票据被中介利用甚至篡改的可能，促进票据市场信息的真实与统一。

（2）提高监管效果。加入区块链后，票据监管机构可以作为一个节点加入这条链中，而链中的各节点都可以访问其他节点的票据情况，其中的数据调取更具有透明性和便捷性等特点，监管起来更有效、更有力。

（3）提高运行效率。区块链发展过程中的一大特性便是智能合约。而智能合约的特点是可编程，票据业务的大多过程都可自动运转并完成，这一特点可以很好地规范操作流程。数字票据优化交易过程的同时，还可以提高票据结算的效率，不仅可以实现票据统一的管理机制，也有助于票据市场的合规性。

## 三、区块链在票据管理中的应用

作为一种底层架构加入票据管理后，区块链的可信任机制、智能合约等技术将应用于票据托管、票据承兑、票据流转、票据托收等主要功能环节。

1. 票据托管环节

在区块链构建的票据管理系统的网络节点中，托管方发布一条信息至委托方，并声明委托方拥有该票据资产，票面真实，目前保管在托管方。

票据的承兑方为第三方的信息记录节点，其完成记账并生成数据区块后，委托方的网络节点名下增加该票据资产。托管方负责票据的审验和保管，解决了票据的真伪性问题；承兑方记账防止了委托方和托管方的联合作假，解决了票据的存在性问题。

2. 票据承兑环节

加入区块链的票据管理的承兑环节中，由于加入了区块链，每个企业在该区块链下都是一个不同的节点。在这样的条件下，票据管理就能实现三个方面的优化：

（1）在缺乏信任的情况下，传统模式引入了冗余的流程、冗余的模式和中介机构；应用区块链技术后，票据池就能实现非中心化的出票过程，节约时间成本，解决跨企业的信任问题。

（2）交易信息不可篡改。任何节点都无法单独记录账本数据，避免了单一记账人被控制或者被贿赂而记假账的可能性。只有同时控制超过 51% 的节点，才能修改信息。其实，只要记账节点足够多，就可以排除这种可能性。

（3）提高数据的安全性。通过区块链的分布式账本技术，各节点记录了完整的交易账目，任何节点对交易数据的操作都会被其他节点观察到，从而增加了数据的透明度，提高了数据的安全性。

3. 票据流转环节

在流转环节中，区块链将在智能合约中根据票据流转、贴现、转贴现、再贴现、回购等一系列业务的特点和要求制定有针对性的算法。在区块链中，数据以区块的方式永久储存。区块链包含一张被称为区块的列表，有着持续增长并且排列整齐的记录。

区块结构可分为区块头与区块体两部分，区块头包含一个时间戳并与前一区块链接，以保证数据的连续性和不可篡改性；区块体包含经过验证的及区块创建过程中产生的所有交易信息，为交易纠纷提供可靠的取证来源。这些都很好地避免了流转环节的操作风险、信用风险及道德风险，以较好地实现价格的真实性和交易的公平性。

4. 票据托收环节

区块链应用后的票据管理中的托收环节也得到了优化，在算法中写入票据的号码、出票人、付款行、出票金额、到期日等相关信息，票据到期时，智能合约自动执行双方约定的义务，即持票人自动发出托收申请，系统自动完成交割，不存在逾期问题。完成托收后，生成数据区块记录交易信息。

## 供应链金融：降低授信风险和资本消耗

供应链金融是银行围绕核心企业，面向其供应链上下游企业提供的系统性融资服务。供应链金融降低了中小微企业的融资门槛，拓展了商业银行中间业务的发展空间，能够实现银行与企业之间的互利共赢，有利于促进市场经济活跃、高效发展。

虽然供应链金融市场空间广阔，但业务落地过程中仍面临诸多痛点和挑战。区块链特有的技术属性能为供应链金融业务赋能，解决实施过程中遇到的痛点和难题，助力相关方跨越障碍。

区块链解决了供应链金融企业间的信用问题与中小微企业融资难、成本高的困境，金融机构能够更高效、更便捷、更稳健地服务于中小微企业客户，确保借贷资金基于真实交易；同时，依靠核心企业的付款，使整个产业链条上的企业都能融资，且是安全的融资。

从这个角度来看，区块链是供应链金融优质资产的“健身教练”，可以让供应链金融的优质资产变得更加优质，这也为金融机构面临的“资产荒”顽疾开出了一剂良方。尤其多层次价值链网的价值流通应用，为供应链金融突破传统资本属性提供了基于数字资产的更广阔的科技空间和国际空间新属性。

## 一、当前供应链金融的融资困境

目前，供应链金融的融资困境主要体现在如下几个方面：

1. 供应链上存在信息孤岛

供应链金融的关键优势在于，利用供应链信息的充分真实性来有效控制风险，对信息的真实性、完整性、有效性要求都非常高。在此过程中，会涉及买卖双方主体、历史交易、底层贸易背景、融资交易、还款管理等，信息来源广泛、数据形式多样、相互关系复杂。

传统供应链金融模式下，各参与方利用各自系统分散管理各自的业务，包括核心企业的内部系统、卖方供销及财务系统、第三方融资服务系统、商业银行或资金提供方系统以及其他辅助验证的物流、仓储、资金流相关系统等。整个供应链各方信息系统建设的独立性缺乏统一的标准和规范，在底层技术、信息格式等方面都存在很大的差异。

金融行业在信息互通和共享方面发展还不够充分，各方互联度较低，导致产业链上交易信息割裂，从而产生信息孤岛，造成信息确认和真实性验证困难，增加了银行等金融机构的信贷风险。这种信息孤岛的存在使供应链上的中小微企业始终处于弱势地位，更低层级的中小微企业更是无法享受到供应链金融带来的便利，使供应链金融的覆盖面及运行效果大打折扣。

2. 核心企业信用不能有效传递

链上核心企业的信用担保是供应链金融业务得以正常运行的基础。在实际商业模式中，核心企业一般只跟一级合作方签订协议，并不会跟二级或更低层级的企业有直接商业交易，导致二级或更低层级的企业无法获得被金融机构认可的核心企业的授信。

其次，不同的企业与核心企业之间的联系密切程度也有较大的差异。中小微企业能否通过供应链金融模式成功获得银行信贷，取决于该中小微企业在供应链中的重要程度和是否有核心企业信用背书的支持。在这种情况下，如果该中小微企业与核心企业之间联系不够密切或信息不对称程度较高，核心企业从风险控制的角度也会拒绝为其做信用背书。

此外，银行等金融机构在信贷业务过程中，都会设置一定的融资条件或门槛。如果核心企业的信用不够高，那么链上除一级交易商之外的其他层级的企业将无法享受到供应链金融带来的便利。

3. 缺乏真实可信的业务场景

核心企业基于真实贸易背景做的背书是供应链金融的核心。在此基础上，金融机构会优先满足与核心企业业务紧密客户的融资需求。处于核心企业远心端的其他层级企业，缺少能够证明与核心企业贸易关系的证据，较难获得金融机构的信贷支持。

从银行等金融机构的视角来看，对于应收账款融资，从信用评估角度需要融资方尽可能提供完整的历史交易数据，从应收账款确认角度需要融资方的合同信息以及合同项下的物流发货和签收信息，在财务环节还涉及发票信息等；对于抵押融资方式，还要实时掌握抵押品的存放和出入库信息等。而这些资料，有时远心端企业无法提供。

如果在交易过程中质押的物品或权益出现问题，以及相关参与方恶意骗取银行资金，那么作为提供融资服务的金融主体将面临不确定的风险。为了打消金融机构对相关交易记录和产品的真实性产生的顾虑，构建一个双方或多方均可以完全信赖的、可进行数字描述的业务场景将是必然的选择。

## 二、“区块链 + 供应链金融”融资模式的优势

“区块链 + 供应链金融”融资模式的优势主要体现在如下几个方面：

1. 可有效解决信息不对称导致的信任问题

区块链技术采用分布式的数据结构，类似于一个分布式的记账本，链上的每一个主体均处于同一等级，这就保证了供应链中所有的参与者都拥有同样的权限，可以获取相同的信息，大家彼此都清楚所有交易者的情况，企业是否符合融资条件、经营状况如何、交易情况如何等信息都一目了然，从而通过信任的交易方式有效地解决了信息不对称的问题。

对于银行来说，不再需要依靠核心企业来间接了解中小微企业的情况，无需像以往那样耗费大量人力、资金去核实对方情况的真实性。因此，区块链与供应链金融的有机结合使链上的各参与方均不再因信息不对称而受到制约。

同时，利用区块链技术和大数据技术，还可以不断挖掘各参与者的历史交易数据，使其更加准确反映链上企业的真实信用状况。基于企业的交易记录量化企业的信用，可以有效解决传统模式下中小微企业缺乏抵押物、信用数据匮乏而导致的融资难题。

2. 可实现核心企业信用的有效传递

在传统的供应链金融融资中，许多与核心企业没有产生直接商业联系的二级或更多层级的中小微企业无法从金融机构获得融资，主要在于传统供应链金融中信息不对称问题较为突出，核心企业的信用传递链条较短。区块链技术利用数字凭证方式记录供应链条中的所有交易数据，将大量的更多层级的中小微企业纳入进来。

核心企业的信用背书经过不断地拆分后，沿着供应链条向更大范围传递，原先处于供应链末端的中小微企业借此也同样可以获得融资。例如，在应收账款融资模式中，一级供应商将存储在区块链中的应收核心企业的账款数据凭证进行拆分，并提供给有融资需求的下级企业，相当于把核心企业的信用传递给二级供应商。

以此为基本模式，可以无限地把授信额度范围内的核心企业信用传递给更多层级中的中小微企业，满足其融资需求。因此，在区块链技术支持下，供应链融资更加稳定可靠，并可以在最大程度上扩大金融服务受益范围。

3. 时间戳与共识算法确保了交易信息的真实可靠

在商业过程中，如果核心交易信息单方面记录，则各个交易方无法建立起信任关系，容易产生一系列的纠纷。利用区块链技术就能将现实中发生的真实商业交易以数据的形式描述和记录下来，把供应链中与核心企业有关联的上下游企业信息衔接起来。

区块链的时间戳技术确保了链上数据的真实性。数据记录附上的时间戳记，不受任何人为因素影响，可以准确地标识在某个时间交易双方进行了什么样的商业交易，并且所记录的交易数据信息难以被更改，因此其比传统公信制度更加可信，其数据更加安全透明。同时，各参与方利用共识算法共同验证记录数据的有效性，并确保信息的同步，因此，在多方参与的供应链金融场景中，区块链技术为确保交易信息真实可靠提供了较好的解决方案。

4. 智能合约的应用极大地降低了违约风险

智能合约是用计算机程序语言对业务逻辑进行编码，使其成为可以自动在区块链系统中运行的模块。

在智能合约中，除了写入核心企业、供应链各层级的参与企业、仓储保管企业、金融机构等各个主体基于信贷的（如质押货物价值评估、应收账款监管、核心企业义务履行等）业务逻辑，还要写入中小微企业贷款的使用去向和相关条款，以及一些预设规则、触发执行条件、特定情形的应对方案等。

智能合约的自动运行降低了人为因素带来的一系列风险，在一定程度上可以有效地避免资金被挪用或违约情况的发生，减少人为干预，有效减轻信贷过程中的信用风险和履约风险。

## 证券交易：有助于建立更加透明且防篡改的系统

在众多的应用场景中，区块链技术在中国证券市场中的应用潜力巨大。证券市场的各个领域，包括证券的发行与交易、清算结算、股东投票等各流程、各环节都可以通过区块链技术被重新设计和简化。

随着证券市场的发展和扩大，证券交易量激增，大量实物证券的交割无法及时完成，证券公司与结算机构应运而生。证券公司与结算机构共同服务于投资者和交易所，提高了交易效率。现阶段国际证券市场已经基本实现了电子化交易，网上证券交易也快速发展，进一步降低了证券公司的运营成本。

一般来说，传统的证券和股权交易平台不能日清日结，只能采取 T+1 结算的方式。这种模式，从本质上来讲，也是交易流程的复杂化所致。借助区块链智能合约技术，就能实现日清日结，甚至把清算的时间压缩到分钟以内。

除此以外，区块链证券和股权交易最大的优点是，通过分布式存储和运算确保交易中心数据的安全，使单点攻击的威胁性不复存在。

与传统的交易账本只由第三方中介机构掌握不同，区块链本质是一个共享式分类账本，允许所有市场参与者拥有交易账本副本、实时掌握并验证账本内容、共同维护账本的真实性和完整性，这提高了证券交易系统的透明度和可追责性，并能有效规避金融欺诈等现象发生。

区块链技术在证券市场中的应用潜力巨大，证券市场的各个领域，包括证券的发行与交易、清算结算、股东投票等，都可以实现与区块链技术的无缝对接，从而带来一系列潜在优势，包括提高效率、缩短处理时间、加大透明度、降低成本和确保安全。因此，证券市场是区块链天然适合的应用领域，两者的契合度非常高。

区块链在证券领域的应用场景如下：

1. 区块链在证券发行中的应用

区块链技术的去中心化、透明度高和公开性强等特点使金融市场中的所有参与者都享有平等的数据源。用户利用区块链技术参与证券交易，可以使基于中介的传统交易模式转变为一个分散的网络交易模式。

对于股票交易者来说，区块链可以消除基于纸笔或电子表格记录的需求，降低人为误差，提高交易平台的工作效率、透明度和可追溯性。另外，股票交易者可以获得与发行机构相关的所有信息，如专利信息、权属变动、司法纠纷、尽职调查、税收缴纳等。

对于股票发行公司来说，区块链实现了更好的数据管理功能，实现了实时的资产转移，避免了传统模式下的时间差问题。

2. 区块链在证券交易中的应用

区块链可以直接实现点对点的价值转移，不需要特定的金融中介机构或中央系统进行操作。传统证券交易需要通过有形或者无形的机构连接交易双方，如果区块链与证券交易相结合，则金融中介的作用将被逐淡化。同时，也会减少人为介入，降低交易成本和操作风险。

交易过程中，区块链以其新的方式记录、管理和保存这些数据，摒弃了传统的人工登记、纸质化和需要专门登记保管相关数据场所等的弊端。而且，资料登记与调取过程烦琐且容易出现问题，但区块链技术与证券交易相结合后，所有的参与者都可以使用一个账户共享文件、实时更新数据，并在达到预定的时间和结果的时候进行自动支付。

3. 区块链在证券结算和交收中的应用

传统的证券结算与交收，周期冗长、过程烦琐，首先要按一定的规则确定交易双方的证券交易数目和资金往来情况，对账之后双方通过转移证券和相应的资金进行交收。整个过程需要人工干预，而且如果交易过程涉及多个交易者会容易出现操作误差。而区块链的出现可以很好地消除这些弊端。

区块链无需人工参与，各交易完成后会迅速地公布到全网络，各结算参与者都有一个完整的账单且账单数据实时更新，交易双方不必承担时间成本，也不必担心出现误差，而且区块链的分布式账本可以保证系统的安全性。区块链技术与证券的结算和交收相结合，可以大幅减少中间流程、简化交易步骤，提高结算交收效率。

4. 区块链在客户征信与反欺诈中的应用

区块链具有不可篡改的时刻戳和全网公开的特性，而且所有的参与主体共用一个分布式账本，一旦交易，所有的参与主体均可看到相关交易信息，可以降低违约风险，避免纸票一票多卖、电票打款背书不同步等问题。证券交易所只需分析和监测分布式账本内客户交易行为的异常状态，就能及时发现并消除欺诈行为、降低法律合规成本、防止金融犯罪。

## 贸易融资：推动业务数字化转型升级

贸易融资被用于促进全球不同国家买卖双方之间的交易，目前已经成为国际贸易的命脉。

贸易融资按照各方满意的条件提供交易所需的信贷、付款担保和保险，但传统的贸易融资有一个痛点，就是需要使用大量纸质文件，大多数贸易融资活动都是在进口商、出口商、进口地银行、出口地银行、运输公司、收货公司、托运公司等参与方之间移送实物文书。这种对文档的依赖通常是低效的，在准备、传输和检查这些文档时消耗了许多成本和时间。另外，纸质文档也容易出错，甚至可能会被伪造。

由于各方信息不对称、贸易背景真实性难核实，且很多单据采用传真、邮寄等手工方式传递，效率低下、安全性无法保证。为了解决业务痛点，利用区块链技术去中心化、不可篡改、可全程追溯、数据共享等特点，探索贸易金融创新服务模式，推进贸易融资业务数字化转型升级。

## 一、区块链技术应用于贸易融资的好处

人们对区块链技术在贸易融资中的应用普遍持乐观态度。许多行业从业者认为，区块链技术可以重塑跨境贸易和相关金融服务的流程。

区块链技术具有改变业务流程来降低运营复杂性和降低交易成本的潜力。区块链结合了多种计算机技术，包括分布式数据存储、点对点传输、共识机制和加密算法，本质是一个分布式数据库，可以自主维护一个不断增长的交易链条。

区块链技术可以防止信息被篡改。在区块链网络中，交易记录储存在被称为区块的单元中，各块都包含一个时间戳和一个链接到前一个块的加密哈希函数，可以防止被篡改。另外，分散的代理商或机构可以共同记录和维护信息，没有任何一方可以发挥持续的市场支配力或控制力。区块链技术的基本思想是分散数据存储，这样可以使数据不能由中心参与者控制或操纵。

区块链技术可以潜在地提高交易透明度和供应链的可追溯性。区块链

技术的使用可以使贸易金融业务转向无纸化，并将无差错文件快速传送给客户，减少印刷和验真的成本。此外，区块链允许所有授权方随时随地访问关键文档，可以减少人工同步纸质记录和双边电子邮件的流程。

区块链中的智能合约可以降低被欺诈风险和促进资金高效流通。智能合约是基于去中心化共识和防篡改算法的电子合约，含有一系列数字协议，包括合同双方达成共识的执行条款和约束条件。智能合约可以使彼此之间不信任的各方进行协作，而无需像银行这样的中介机构参与，并且可以通过预设事件触发款项偿付，减少出现错误或遭遇欺诈的风险，促进资金高效流通。另外，各种研究表明，智能合约可以降低收集和处理信息、起草和谈判合同、监视和执行协议等一系列流程的成本，从而在某些情况下允许采用更多基于市场的治理结构。

## 二、将区块链技术应用于贸易融资的举措

从发展角度看，区块链技术在贸易融资中的应用仍处于发展初期，需要进一步研究以提高其效率和安全性。如今，一些商业机构已经建立了自己的区块链实验室，或与区块链公司紧密合作，并开展了有关该主题的一系列研究。

2016 年，巴克莱（Barclays）银行与名为“Wave”的金融科技初创公司合作，在“Wave”区块链平台上搭建了一个基于区块链的信用证项目，完成了第一笔基于区块链的跨境贸易融资业务。

2018 年，汇丰银行宣布已完成一项使用区块链技术发行的完全数字化的信用证的贸易融资交易，在此交易中，新加坡汇丰银行作为信用证的开证行，荷兰国际银行（ING Geneva）作为指定银行。

2020年，渣打银行（Standard Chartered）和星展银行（DBS Bank）联合宣布，他们已经启动了一个项目，该项目将利用区块链网络连接其他12家银行的贸易融资交易，包括荷兰银行、澳新银行、联昌国际银行、德意志银行、印度工业信贷投资银行、劳埃德银行、马来亚银行、纳蒂西斯银行。另外，星展银行和渣打银行宣布，他们将与新加坡联合银行开展进一步合作，将区块链贸易融资登记业务扩展到全球，以覆盖主要的贸易通道。

除了传统金融机构，一些科技公司也在为将区块链应用于贸易融资而努力，国际商用机器公司（IBM）就是其中一个。2017年，IBM和马士基合作了Hyperledger Fabric项目，并基于此使用区块链技术构建了一个端到端数字化供应链模型，该模型涉及贸易方以及各个港口和海关当局。之后，陆续有几个大型银行财团与IBM Hyperledger或R3 Corda等技术提供商合作来进行区块链产品的开发，推进了多个项目的落地应用。

## 资产证券化：提高资产数据真实性

资产证券化本质上是指，融资人以自身能够产生稳定现金流的资产或权益为支撑构建资产池，通过结构设计增强信用，将其转化为可以在金融市场上出售和流通的证券。

资产证券化的过程是一个将低流动性资产转化为高流动性资产的过程。资产证券化产品通过风险隔离、信用增级等独特设计，将资产支持证券的风险限制在原有资产的现金流中，尽可能降低风险、提高评级。

自2005年我国开展资产证券化业务以来，资产证券化业务的支撑体系逐步实施，发行端、投资端、交易结构、主体资格等业务环节已趋于规范和成熟。

自2014年底信贷资产证券化登记制度和企业资产证券化备案制度启动以来，我国资产证券化市场产品发行规模快速增长。

2018年，资产证券化市场延续了前四年的良好发展态势，监管政策逐步完善，发行规模和存量规模稳步增长，大类基础资产日益丰富和规范，二级市场日益活跃。

## 一、资产证券化存在的问题

随着资产证券化市场的快速发展，市场对专业的资产证券化服务提出了更高的要求。可是，资产证券化独特的融资逻辑导致的交易结构和业务实施的高度复杂性，导致传统业务运作过程中存在诸多问题。

1. 产品的设计、发行和期限管理效率不高

资产证券化业务参与者众多，不同的参与者根据各自的职能完成一系列复杂的业务环节，如资产池的建立、特殊目的载体（SPV）的建立、资产的真实出售、信用增级和评级等。随着资产证券化的不断创新、交易结构的复杂化和结构手段的叠加，信贷中介链和利益链也在拉长。此外，资产证券化产品具有基础数据规模大的特点，导致资产证券化产品设计与发行、证券期限管理等方面运作效率低下。

2. 资产标的不透明且难以准确评估

资产证券化特殊的业务逻辑必然导致其基本交易结构的复杂性，使资

产证券化产品的标的资产难以渗透到实际的标的资产中，造成标的资产的不透明性。

此外，基础资产的产生来源于多重资产打包重组形成的资产池。但是，资产池中资产的质量并不相同。标的资产的不透明性和难以准确评估的特点，使投资者很难看透标的资产的质量和风险水平。这种信息不对称会导致投资者因对产品不了解而不敢投资，进而影响产品的发行和在二级市场的转让与流通，最终提高企业融资成本。

3. 监督的透明度低

资产证券化标的资产的复杂性和不透明性以及较长的业务链也给监管带来了困难。当标的资产存在信用风险时，监管不能实时渗透产品结构和业务链，不能在第一时间发现和控制风险源，导致风险失控。此外，信息和数据披露机制不完善、信息共享制度缺失也是监管部门面临的问题之一。

近年来，资产证券化需求不断增加，传统的资产证券化模式暴露出许多风险和不足，比如征信体系不完善、发行生命周期长、缺乏精细化风险管理、整体结构复杂、资产评估不规范等，整体现金流管理、标的资产交易效率也有待提高。

## 二、区块链驱动资产证券化的新时代

基于区块链技术的资产证券化具有以下优势：

1. 提高标的资产的真实性

从标的资产形成的角度来看，资产支持证券（ABS）原始权益人可以利用分布式账本作为数据承载平台，按照数据披露和信息披露的要求，将权益人与相关服务主体连接起来，将底层交易信息和资产信息存储到区块链平台，通过多方验证公信力后记录在分布式账本中。

分布式账本中存储的原始信息一经记录就很难被篡改，并得到各方的认可和维护，为后续产品发布提供了更加可靠的凭证保管信息。此外，基于标的资产的评级也将根据分布式账本记录的原始信息进行，整个现金流将直接写入区块链，参与者可以同步保留各方认证的标的资产数据，解决标的资产的真实性问题。

2. 提高操作透明度和整体效率

在产品结构机制设计方面，通过条款设置智能合约可以包含 ABS 的所有流程节点，如信用增级、金融资产结算清算、实物资产确认等。智能合约各方达成共识后，就能进入链条，一旦条件满足，即可自动执行。链中成员共享账本的数据特性令机构间的操作更加透明，能增强信任，提高整体效率。

3. 实现管理与监控智能化

在资产证券化产品存续期间，利用智能合约实现资产证券化关键业务流程的自动执行，比如现金流回收、基础资产分配等，可以减少人工操作失误的可能性，有效管理资产证券化的整个业务流程，降低各环节造假的可能性。

监管者也可以作为节点加入，获取完整的账本数据，减少中间环节，提高智能监管能力，确保监管者和投资者可以通过联盟链实现实时渗透监控、检测基础资产现金流回收情况，确保现金流结算条款按约定执行，使工期管理更加透明。

此外，评级机构和监管机构可以利用区块链更快、更有效地监控资产支持证券和业务参与者。由于数据可以向所有拥有不同注册权限的参与者开放，评级机构可以通过预设的设置实时观察资产池的变化。同时，他们还可以在区块链平台上嵌入自己的监控软件。当现金流偏离预期时，就能自动触发并通知评级审核机构启动相关措施，提高评级报告的及时性。

## 资产托管：优化业务流程，保证履约安全和交易真实

### 一、资产托管业务

资产托管业务是指具备一定资格的商业银行作为托管人，依据有关法律法规与委托人签订委托资产托管合同、安全保管委托投资的资产，并根据资产运作特点提供相应的投资清算、会计核算、资产估值、投资监督、信息披露、对账等金融服务业务，履行托管人相关职责的业务。

资产托管业务分为有形资产托管和无形资产托管两大部分。有形资产是指那些具有实物形态的资产，包括固定资产和流动资产。无形资产是指企业拥有或者控制的、没有实物形态的可辨认非货币性资产，即没有物质实体的资产。

银行托管业务的种类有很多，包括证券投资基金托管、委托资产托管、社保基金托管、企业年金托管、信托资产托管、农村社会保障基金托管、基本养老保险个人账户基金托管、补充医疗保险基金托管、收支账户托管、合格境外机构投资者（QFII）托管、贵重物品托管等。

从资产托管业务本身来看，采用区块链技术为实现资产托管合同上限、依照投资监督指标运行、对托管资产进行控制以及跟踪进行智能合约化、估值数据和凭证数据存储、更新结构化和自动化提供了可能。从这一角度来看，区块链技术在资产托管业务中的应用必将使之在安全、效率流程简化的问题上大有改善。

## 二、区块链技术对资产托管业务流程的优化

区块链技术能低成本地解决金融活动中的信任难题，可以为多方交易带来前所未有的信任和信用的高效交换，有效解决资产托管业务中的操作风险。具体来看，区块链技术可以从以下几个方面优化资产托管的业务流程：

（1）实现全流程的自动化，将业务指令判断和执行规则封装到智能合约中，利用智能合约执行合同和提供风险提示。

（2）提高流程效率，资产委托方、管理方、托管方、代销方将资产变动、交易明细等信息实时共享，免去反复校验、确权的过程。

（3）保证履约的安全性和交易的真实性，通过设置密钥保证参与方信息、账本信息的有限可见性及交易的可验证性。

（4）确保信息的不可篡改，将投资计划的合规校验要求放在区块链上，确保每笔交易都在形成共识的基础上完成。

## 三、区块链在资产托管应用中的实施步骤

区块链在资产托管应用中的实施分为以下几个步骤：

1. 构建联盟链

由于客户类型相对固定，再结合机构协同和业务流程交互的特点，在

业务运营过程中，资产托管客户与资产托管人之间的合作模型应当以联盟链为最佳。基于联盟链，托管行业或者管理人需要共同配合来构建区块链。

以资产证券化为例，纳斯达克交易所通过染色比的技术来实现资产的数字化，在功能分工上专门设计了用于资产数字化的发行者节点，负责托管资产的发行。同时，该联盟链中的资产托管业务区块链还引入了加密数字货币，可以实现从资产发布、交易、托管、流通到监督的全流程区块链化，最终实现资产和资金的可追溯。

2. 双方设置密钥

资产托管业务涉及三类人，包括资产管理人、资产托管人、交易所或登记结算公司。基于托管业务，还包括监管信息报送和监管信息查询两方面的工作，因此区块链节点类型就可以被分为资产管理人节点、资产托管人节点、交易所或登记结算公司节点、监管方节点，所有这些节点都可以被看作区块链上的参与方。

在数据安全问题上，每类节点在交易发送过程中需要以接收方节点（即资产托管人）的公钥加密，并需要发送方节点（即资产托管客户）的私钥进行签名。

3. 流程改造

在进行业务流程改造的过程中，资产托管业务的各个流程中最复杂的就是对托管产品的估值核算，并且其会对托管产品会计科目和科目账进行实时更新。

4. 构建共识机制

资产托管业务在记账的时候，从业务的连续性考虑，资产托管业务区块链的区块依然产生于资产托管人的节点，但究竟是在哪个资产托管人节点产生区块，还需要依据当前的业务情况来制定和选择算法和共识机制。

5. 智能合约约束

在使用智能合约的时候，要综合考虑当前区块链技术的发展现状，还要考虑资产托管业务区块链的实时效率，并根据业务需要进行区块链的技术改造。使用智能合约可以令委托人、管理人、托管人之间的合同或协议自动执行，还可以使交易和信息披露实现线上化、自动化和智能化。

总而言之，区块链在资产托管方面的应用将会给资产托管业务带来更加美好的智能化发展前景，这种基于区块链技术实现的人工智能化是以往任何时候都无法比拟的。

# 第五章　区块链+共享经济：促进资源共享，量化数字价值

# 区块链和共享经济

共享经济是互联网经济时代的重要产物。随着共享经济的深入发展，其资产质量低、信任缺失、隐私保护和安全监管缺乏等一系列问题也不断涌现出来。区块链技术的出现，使得资产确权、转移和交易等过程都能被公开且可溯源，在一定程度上保证了共享资产的合格性和可信性。同时，基于区块链智能合约和信任体系的建设，资产交易的效率显著提高，资产的流通和利用也被进一步激发。

区块链技术与共享经济的融合为共享经济的发展提供了新的方法和思路，促进了共享模式的升级，推动了共享经济的快速发展。在物联网、大数据等技术支持下的共享经济发展出现停滞的背景下，一个必然选择就是把区块链技术融入包括金融、医疗、能源等在内的共享经济中，优化共享模式，改造与升级共享平台，为共享经济的发展带来新的势能。

近年来，区块链技术已经在金融、医疗、大数据等领域逐渐落地。作为一种革命性的新技术，区块链具有去中心化、可溯源、公开透明、安全可靠等特性，而这些特性正好可以解决共享经济在发展中出现的问题。

## 一、共享经济存在的弊端

当前共享经济存在以下几个弊端：

1. 资源配置效率低，浪费问题较严重

从共享单车、共享充电宝、共享雨伞开始陆续出现在生活中开始，我们时常会发现，某些地方的共享资源总是供不应求，而某些地方的资源却根本没有人去用。平台前期资源投入成本过高，资源又难以充分优化配置，导致了共享资源的较大闲置，过度的资源浪费导致很多小企业还未盈利就面临破产。

2. 信用体系不健全，安全隐患较明显

近年来，平台不规范以及用户素质不高导致人身安全及其他不良事件时有发生。在双方互不认识的情况下，历史信用是最好的参考依据，而现有的中心化数据库很难仔细鉴别用户的信用，导致一些素质不高的人参与到交易中来。

3. 平台建设不规范，用户信息常泄露

从 2017 年至今，有无数大小共享经济企业诞生，用户在各个共享平台上填写个人信息，令人不禁产生疑问，这些信息都能被很好地保密吗？以共享单车为例，据不完全统计，目前全国共享单车注册用户数超 1 亿人，共享单车每增加一次网上注册和网络接入，都会增加个人信息泄露的风险和安全隐患。

## 二、区块链技术给共享经济带来的好处

1. 实时供需匹配，提高资源利用率

在共享经济的交易过程中有供方、需方和中介方，而在区块链技术的支持下可以做到去中心化，让供方和需方直接点对点联系，减少了资源匹配的时间，而点对点的定向匹配又提高了资源的利用率，让资源共享匹配

更加平衡、重构使用更加充分，极大地减少了共享经济资源的浪费。

2. 数据公开透明，提供信用保障

区块链技术通过在网络中建立点对点之间可靠的信任，去除价值传递过程中的中介方，既公开信息又保护隐私，既共同决策又保护个体权益，为实现共享经济提供了全新的技术支撑，是实现共享经济的一种非常理想的解决方案。

3. 链上数据加密，用户信息不泄露

国内外立法机构对数据隐私保护都有明确的规定，如《中华人民共和国网络安全法》规定“网络运营者不得泄露、篡改、毁损其收集的个人信息；未经被收集者同意，不得向他人提供个人信息”“任何个人和组织不得窃取或者以其他非法方式获取个人信息，不得非法出售或者非法向他人提供个人信息”。2018 年 5 月正式生效的欧洲《通用数据保护条例》也对个人数据隐私保护做出了严格规定。对此，区块链使用加解密授权、零知识证明等密码学技术，可以有效实现对数据隐私的保护。

共享经济是互联网经济时代的重要产物。随着共享经济的深入发展，其显现出来一系列问题，而区块链技术的出现在一定程度上解决了这些问题。区块链技术与共享经济的融合为共享经济的发展提供了新的思路和方向。

## 三、区块链运用于共享经济的新思路

1. 着眼细分领域，利用新技术创造新增长

现阶段共享经济主要集中在旅游、酒店、交通、零售、视频、音频交流等领域。随着自身的发展，共享经济又衍生出了更加细分的领域，如停车位共享、办公室共享、充电宝共享、充电桩共享、健身共享、Wi-Fi 共

享、书籍共享等。

每个细分共享领域都有机会利用物联网、大数据、区块链等技术重塑现有的共享模式和形态，解决信任、资产安全、业务协同等问题，塑造一种人人共享、人人参与、人人激励、人人合伙的新共享模式，释放共享经济的最大效益。例如，传媒领域可以通过区块链塑造全民参与、共创内容、共同传播、深入互动的价值形态。通过多渠道的互动体验，各成员都可分享转发评论，并通过奖励机制促进成员之间进行更深度的交流互动。

2. 加强平台深度运营和平台自治体系建设

很多共享平台就是连接多方供需，并提供虚拟或真实交易的场所，平台的参与者越多，其价值就越大，但是大多数平台在运营初期存在启动难、精确用户获取难、供需匹配难等问题。当在平台内加入通证激励体系后，平台在初期的深度运营将获得更多的机会。

当参与者逐渐增多时，在开放的平台中不时会发生少数参与者作恶的现象。这就需要加强平台的自治体系建设，一方面设定严格的规则规范，约束潜在的作恶行为；另一方面则通过区块链等技术手段提高平台的透明度、规范性和真实性等，减少平台的自治风险。

3. 注重区块链技术与其他技术的融合

首先，目前区块链上治理的共识效率、分布式高存储、数据安全以及单位时间内交易容量等问题，对区块链技术在共享经济中的大规模应用造成了一定阻碍。要想让区块链技术充分融入共享经济中，仍需要加大技术研发力度，解决技术瓶颈。

其次，“物联网 + 大数据 + 区块链”的技术融合是构建共享经济新模式的关键。在“区块链＋物联网”方面，可以把重心放在物联网数据系统与区块链系统的即时融合上，开发物联网与区块链技术的程序接口；在“区块链＋大数据”方面，可以利用区块链技术数据公开透明的特征，合理检验共享平台数据的真实性，提高信息的可信度，消除信息安全隐患。

4. 加大政策扶持和行业监管力度

推动“区块链＋共享经济”的发展落地，离不开政策的扶持和行业的监管。

首先，区块链行业中监管机构与仲裁方式尚未明确，在具体的落地过程中，统一的参考和标准依据需要进一步完备，以促进共享行业与区块链技术的融合。

其次，共享经济的持续、快速、健康发展也需要政策帮扶，政府部门应对共享经济先锋企业提供资金及技术支持，为相关技术创新研究提供充足的资金支持。

5. 推动“区块链＋共享价值”模式的实践

在企业层面，企业是落实新技术、新模式的主体，在价值链网时代，共享经济的核心就是价值创造、流通、增值和变现，需努力推动“区块链＋共享价值”模式的实践。一方面，在政府和相关政策的支持下，加强对相关人才的引进和培养，引进行业发展所需的高技能人才；另一方面，企业应持续提高自身信息化建设水平，积极引入区块链技术，不断积累实践运营经验，为行业的发展提供多方位的参考。

# 区块链+共享经济应用的主要领域

## 一、区块链技术应用于共享经济的优势

区块链技术是一种比大数据技术更高级、更安全、更精确、更具有价值的互联网技术，其采用分布式数据库技术，没有中心系统，每一个单独区块节点都有系统完整的信息和可追溯来源，且数据是公开透明的，能够更好地解决大数据下共享经济发展中的中心化和信任问题，为共享经济进一步发展提供了天然的技术平台和支撑。

1. 自信任体系的构建能有效突破共享经济发展的信任瓶颈

共享经济的实质是使用而不占有，共享参与各方的高度信任是共享经济得以顺利进行的内在驱动力，只有信任，才能在网络平台上实现真正的共享，所以信任问题是共享经济进一步发展的命门。

传统的共享模式是一种基于中介的第三方信用中心模式，参与各方信用度较低，由此带来的信任危机成为共享经济发展的一大桎梏。

区块链技术下，采用分布式存储数据，数据分散记录在区块链上的各节点，同时数据分享采用节点同步式，可以在全网将数据更新并进行广播。数据的查询和上传采用点对点模式，交易各方可以通过区块链系统查找对方的信用记录，不依赖于单一节点的可靠性，各节点都可以同步全网数据，任何单个节点对数据的删改都是无效的。

根据区块链系统设计的理念，要对系统中的信息数据进行修改，必须掌握系统内 51% 以上的节点，而对于单独参与块节点来说，是不可能掌握区块链系统内 50% 的数据信息的。基于此，区块链具备自信任特征，不需要通过政府的行政管理、法律约束以及其他第三方的监管就能够在共享参与各方之间形成天然的信任合作关系，成为共享经济进一步发展的重要技术支撑。

2. 去中心化的网络构架和信任体系有助于降低中间成本

共享经济发展中面临的另一个难题是运营成本过高，运营负担过重。

区块链技术引入以前，共享经济发展主要依赖于第三方平台来协调共享资源的供给和需求，是一种中心化的网络构架模式，其运行的流程繁杂，包括共享资源提供、供需双方资质认证、市场推广、后期共享资源使用维护、相关配套服务等，涉及从线上到线下，从共享产品的提供到使用，从平台基础设施等硬件的提供到服务等诸多环节，都需要大量的资金和人力的支持，运营成本和时间成本都很高。

去中心化的区块链技术引入之后，因为数据都分散存储在不同的网络节点，各节点只需要负责维护对应的数据和任务，保证数据的安全性和准确性，并采用广播的方式在区块链上同步发布数据、更新信息，可以大大减轻“中心化”构架下的运营成本，提高运营效率。同时，自信任体系的建立可以通过可追溯的、同步维护的管理机制使共享各方无需第三方就能自行达到数据的一致性，极大地降低管理成本。

3. 促进信息高度共享，提高共享资源的利用效率

传统的大数据下，共享经济发展中的信息数据多被市场寡头垄断，企

业对数据的掌控和实时调度比较滞后。同时，由于不同行业间的大数据共享机制和传播机制没有统一的标准，导致信息数据通常需要进一步加工和提炼才能被使用，使共享受限，形成信息孤岛。

区块链技术的应用，使各节点数据能同步存储、更新和广播，让数据信息发展成为一种标准化的社会资源。随着技术的逐渐成熟，数据汇总和更新的速度将会越来越快，更需要保证数据的实时共享。

另外，在互联网环境下，现代社会数据和信息都呈现出爆炸式增长趋势，信息数据的生产与传播速度的大大提高，也使信息鱼龙混杂，信息的安全性和真实性有待考证。同时在自媒体海量化消息膨胀的情况下，信息不对称和不透明现象突出，使大规模的共享活动难以走向良性发展的轨道。而区块链采用标准化的储存技术、采用区块加链式信息传递方式，形成一本任何信息交易记录都可以向全球区块链网络公开的总账本，大大提高了信息的真实、有效性和安全性，为促进信息资源高度共享和充分利用奠定了基础。

4. 推进共享空间扩张，加深区块链技术与产业的融合

以区块链技术为基础的智能合约通过数字加密和利用数据的不可篡改特性，不仅能保障交易的安全和有效性，不会使交易因为一方的反悔而随便取消，还能有效连接共享经济运行的各节点主体，促成共享空间的扩张，使越来越多的资源实现共享，大众也能够开放性地制定相关共享物品和服务的共享协议，共同见证、履行、监督资源及其价值的共享使用过程。同时，随着共享规模扩张、共享资源增加，智能合约机制也能大幅度地提高共享资源的使用率和使用价值。

另外，区块链技术实现了去中心化的分布式云网络物联网，这种智能物联网技术的应用，使人与机器、机器与机器之间能够采用一种通用的语言进行交互，智慧家居、智慧物流、智慧城市等智慧产业发展将会快速兴起，"大数据＋区块链＋智慧产业"的融合发展将会带来全新的商业模式，推动不同领域的全面创新与改革。

## 二、区块链技术驱动共享经济创新发展的应用领域

1. 区块链＋共享金融

共享金融是金融业发展的趋势，是对金融信贷资源、金融数据资源和金融人才资源等社会闲置金融资源进行有效配置的一种方式。在快速发展的互联网经济中，P2P 网贷模式与众筹模式是主要的共享金融模式，能够快速实现高效搜寻和撮合资金供需方，加快资金周转速度，最大程度发挥资金价值。

随着区块链技术的引入，区块链的信任和安全性能够解决共享金融中的瓶颈问题，带来金融模式的改变、突破和颠覆。

（1）基于分布式账本和智能合约技术的区块链技术能够实现去中心化，使交易不再依赖于某个单独的中心化节点，成本能够有效分摊到各个节点中，也能大大提高交易效率，降低交易成本和时间。

（2）区块链与大数据技术的结合，可以实现共享各方更高效、全面地获取融资交易数据，利用数据进行预测和分析，尽早发现共享金融领域可能出现的风险和面临的危机，及时采取防范措施。

（3）交易信息实时记录在公开的区块链数据库中，无法篡改，大大降低人为错误和违约的风险。

（4）区块链技术下，金融票据采用数字票据形式，可以防止票据造假、违规融资、套利等问题，促进共享金融的规范化发展。

区块链技术在金融领域的应用，会使共享金融系统各成员之间的协调成本大大缩减，建立全球的共享金融标准，促进全球经济共享的支付效益增加。对此，世界各大金融机构如瑞士银行、荷兰银行等均在积极研发区块链技术的金融应用程序。

2. 区块链 + 共享租车

共享汽车租赁客户租用的是汽车的使用权，为了便于监督管理，用户在共享汽车平台注册时需要提供合法的证明，如驾照、身份证等。但是，现实中可能会出现承租人与实际使用人不一致的情况，一旦发生交通事故，责任认定就比较复杂，导致监管上出现诸多问题，是共享汽车租赁发展中的一大瓶颈。

随着区块链技术的发展，利用区块链技术来记录、保管租车数据，简化租赁中烦琐的手续和程序，保护用户隐私信息，实时监管，形成“区块链 + 共享租车”模式，已经成为租车行业的发展方向。

区块链租车项目的概念是利用区块链来保存签名验证记录。用于租车服务的区块链可以为每一位用户和每一辆汽车创造独一无二的数字指纹，为其在区块链上进行登记，并通过广泛的分布式计算网络来记录交易。在区块链技术应用中，用户能够按自己的需求来选择合适的车、适宜的保险类型和免赔额等相关服务，并且用户可以通过电子签名在区块链中实时更新交易，在信任性、安全性和隐私性方面都可以得到极大的保障。

从当前的区块链技术应用于租车行业的发展情况来看，早在 2015 年

10 月，VISA 与 DocuSign 就联合推出了区块链汽车租赁项目，利用区块链技术来记录相关租用车信息，进行了区块链技术在租车行业中的探索和应用。但是由于区块链技术尚在发展中，还不够成熟，现有区块链技术与汽车租赁行业融合度不够，加上行业的部分管理者对区块链的认知停留在概念上，了解不够深入，区块链技术在共享租车行业中还没有得到规模性推广，大部分还在尝试和探索阶段。

从其发展趋势来看，区块链技术一旦广泛应用在该行业中，租车相关服务几分钟内就可以完成，同时还会对汽车行业的价值链进行颠覆式的改造，最后带来传统汽车行业的变革。

3. 区块链 + 共享住宿

互联网经济下，共享住宿快速发展，在 2011 年到 2018 年间呈现出爆发式增长，具有很大的发展空间和发展潜力。第三方平台的快速发展给传统酒店行业带来极大的冲击和影响。但是，在依靠第三方平台发展的共享住宿行业中，信任问题、服务效率问题、金融担保问题、安全问题频频出现，如在评估房主和顾客信用、房屋质量等方面存在着很大困难，顾客诉求反馈延时较长、支付担保和支付时间延迟等。

作为第三方短租平台，目前主要通过人工或自动的 ID 验证、参考现有用户登记信息和评价判定、预定前的信息交流这几种方式来获取信息，评估用户和房主信用，并以此来确保交易的安全和可靠性。

引入区块链技术后，平台信用和安全性会大大增强。在预定环节，政府签发的 ID 安全存储在区块链中，并进行验证，顾客和房主利用区块数据验证的评价进行交流，形成信任感知。在支付环节，区块系统安全存储与 ID 关联的支付证书，并按智能合约放款。最后，利用电子签名进行评价，评价可永久存储和追溯，进一步增强交易的可信任性和安全性。

4. 区块链 + 共享其他

随着云计算、大数据等信息技术的快速发展，区块链技术将逐渐走向经济和社会生活的方方面面，促进不同领域共享和融合。

比如，我们国家的医联体和医共体发展方向就是一种共享医疗模式。利用区块链技术构建数据共享医疗及健康服务系统，将患者信息和相关数据存储到区块链系统中，区块链系统会自动分析患者信息，合理匹配对应的医疗机构，使医疗资源能够均衡分配，并得到最大限度的利用；还可以对医疗收费、治疗进展等进行监督管理，打破传统医疗系统中信息孤岛的瓶颈，实现真正的共享，解决看病贵买药贵的问题。医疗减免 App 平台就是这样一种区块链 + 共享医疗救助服务生态系统。

再如，将区块链技术与教育发展相融合，不仅可以实现教育资源共享，还可以有效解决共享教育中的信息安全问题和信任问题，教师资格认证、学生学习和成绩认证相关信息可以存储在对应的区块链中。同时，利用区块链技术可以加强对教育证书的管理，提高数据的安全性和对隐私的保护，有效解决主体之间的信任问题。

此外，区块链技术还可以应用于共享物流、公共服务、物联网、智能制造等多个领域，利用其分布式储存和可信任机制等技术，进一步改变不同领域当前的共享商业模式，引发新一轮产业创新和变革。

# 以区块链技术加持的共享社区建设

社区被普遍认为是聚居在一定地域范围内的人们所组成的社会生活共同体，其成员有着共同的兴趣，彼此认识且互相来往，行使社会功能，创造社会规范，形成特有的价值体系和社会福利事业。

共享经济是一种依托网络社交，重视使用权而非拥有权的新经济模式。该经济模式有三个不可或缺的要素，即资源供给方与需求方、共享平台、未充分利用的资源。其本质是建立未充分利用的资源与资源需求方之间的链接，尤其是碎片化资源的重构利用，资源提供方以租赁的形式，将该资源的使用权转移向需求方，有助于提高社会的资源配置效率和使用效率。

区块链与共享社区结合，去除了社区管理中介，节省了人力物力，也保证了数据和业务的真实性和安全性。

2018 年 7 月 2 日，佛山市禅城区祖庙街道正式启用“共享社区”党建项目，以党员建设为统领，以区块链和大数据为技术支持，为实现社区治理社会化、法治化、智能化、专业化打下了基础，目前已落实的应用项目已达 11 个。

目前共享社区主要有三个特点，具体来说是“一融合二激励三共享”。“一融合”是指将共享社区 App 与社区治理融合，政府通过系统查悉居民的需要和意见，及时处理问题和反馈；居民通过系统了解社区信息和办理业务，各取所需，实现共治。“二激励”是通过制定相关的激励政策，让更多党员干部和有能力、有余力的人参与到管理中来，为人民服务，后续可将其作为提拔、选举的重要依据。“三共享”是指在社区开展“物品、技能、活动”共享，居民可将自家的多余资源和需求进行系统公示，避免浪费又促进邻里关系，从而加速从陌生人社区向熟人社区的转换。

办事“零跑腿”，材料“零提交”。现如今大部分地区，像社保办理、户口迁出等业务，不仅需要线下寻找固定地点办理，填写繁多的材料，而且办理人数多的时候还需要排队等候。认证完 IMI 的居民，则可以到“零跑腿”App 进行自助办理，减少了填录烦琐信息和反复提交材料的次数，方便快捷又省时省力。不仅如此，居民还可以用 IMI 在“市民之窗”办理 20 多项业务，其中包括公积金查询、水电费缴纳、党员登记、老年卡办理等。

模仿共享虚拟银行，爱心换积分、积分享爱心。共享平台引入了银行储蓄的思路，在系统上登记居民技能特长或家中的闲置物品并形成积分，后续居民可以采用点单形式获取所需要的资源或服务，并由物业或时间充裕且能力强的党员干部组成居委会带头参加和组织，采用线上 + 线下模式，点对点服务，加深邻里互帮互助。居委会也可以不定时组织一些有意义的社区活动，线上直接通知具体时间和地点并统计报名人数，实现家在空间上的延伸。

# 应用区块链技术后的餐饮行业

区块链技术应用于上游企业，可以实现食材精确溯源，做到“来源可查、去处可追、责任可究”，从源头把控食品安全问题；应用于中游企业，可以开发优化供应链流程管理系统，对菜品选材、制作标准以及服务流程进行标准化、系统化改造，以实现降本增效；应用于下游企业，品牌连锁核心信息、资质等上链，信息公开透明，树立品牌标杆，以防品牌冒用，便于品牌保护与维权，确保消费者信任的持久性与牢固性。从销售阶段来讲，区块链通过数字化营销（精确）+通证营销（黏性），可以精确定位用户画像，增强用户黏性。

## 一、餐饮行业面临的主要问题

目前，餐饮行业主要面临以下几个问题：

1. 供应链管理混杂，成本高

餐饮供应链涉及环节多，参与主体多，沟通成本或审核成本等较高，较难做到层层追溯、层层管理，同时食材损耗等也是制约因素。

2. 品牌意识薄弱

品牌连锁管控能力差，假冒产品频出，影响品牌声誉，维权成本高。

3. 食品质量安全问题突出

食品安全问题一直是餐饮行业的一大隐藏威胁点，重大食品安全事件会极大地影响了餐饮行业的发展，引发消费者的信任危机。

4. 营销观念落后，缺乏顾客黏性

同质化产品或服务制约创新性发展，客源流动性大，多渠道获客容易留客难、成本高，难以形成消费黏性。

## 二、区块链在餐饮行业的应用

区块链在餐饮行业的应用主要体现为：

1. 优化食材供应链

区块链技术应用到餐饮行业，可以详细记录食品从生产到餐桌的全过程。如果食品出现安全问题，可以通过区块链技术快速发现出现问题的环节、找到责任主体，并及时控制事态发展。

2. 创建新经济模式

区块链技术去中心化的特点有利于信息快速传达。各餐厅的信息会完整地呈现给消费者，消费者能获得公平准确的信息，有利于提高消费者的用餐体验。应用区块链技术有利于企业创新发展，餐饮企业之间互相借鉴经验，吸取教训，促进行业共同发展。

3. 助力营销运营，促进招商加盟

随着区块链技术的不断发展，一些餐饮企业开始进行营销运营。将区块链技术应用到食品数据追踪上，可以及时追踪产品生产的各个环节，这样在一定程度上有利于企业招商加盟和合伙，有利于促进餐饮行业的整体发展。

# 第六章　区块链+征信领域：为征信体系引入新模式

# 区块链在征信领域的应用

区块链本身具有开源可编程、防篡改性、分布式存储、准匿名性、安全可信等技术优势，将其应用于征信领域，能够实现较低成本和较高效率的征信体系信息共享。根据目前征信体系的实际问题，可以开发出应用广泛且具有潜在价值的区块链 + 征信的解决方案，切实推动征信体系高质量发展。

1. 信息采集的业务架构

针对我国征信领域的现状和不足，将区块链和大数据结合起来应用到征信领域，再基于区块链去中心化、去信任、可追溯等特征与大数据征信数据体量巨大、数据类型繁多、处理速度快等特点，征信数据采集的业务架构将发生相应的变化。

（1）大数据征信。大数据分析方法改良了传统的随机抽样法，对数据总体进行采集、分析、处理、挖掘。传统的征信主要采集企业和个人的基本信息、信贷信息，而大数据征信在较大范围内拓宽数据维度，将公共信息、社交信息等纳入进来，使征信数据的可靠性显著增强。传统的征信先建立数据库，再将数据收集整理，而大数据征信能够即时开启征信调查，迅速完成信息的采集、分类和模型分析。

（2）区块链与大数据相结合。大数据能够海量采集信息，但是并不能保证信息的真实性，数据面临被篡改的风险。而区块链具有安全性、可信任性和不可篡改性，足以弥补大数据的不足，推进数据在空间与维度上的海量增长。

区块链与大数据结合的征信系统可以广泛收集各方面的信用信息，并且采用互联网接入的方式，成本较低。区块链与大数据结合之后的征信系统，信息录入的流程得到简化，录入信息的维度增加，信息安全性得到提高。

具体步骤如下：

第一步，将身份证明、资产、通信、出行、交易行为、信用使用记录、履约违约等关于信用的数据接入区块链征信系统。接入方式选择接口方式，从业务系统中抽取数据，利用自行开发的数据报送接口程序将其生成报文，并通过互联网接入平台的方式连接征信系统，让区块链节点对信用信息进行自动存储。

第二步，对信用相关数据在安全可信的计算环境下进行预处理和加密，利用区块链非对称加密的基础设置一对密钥，即公钥和私钥，用公钥对数据进行加密后只有私钥才能解密，私钥加密的数据只有对应的公钥才能解密，双方无需交换密钥，就可以建立保密通信。

第三步，在处理和加密后，信用相关数据以元信息、行为数据、符号数据、身份数据的形式存在于区块链征信数据中。

2. 数据共享的业务架构

构建区块链征信数据共享平台主要有两种方式：一是征信机构之间共享用户数据，二是征信机构和其他机构共享用户数据。

征信机构和其他机构都作为平台的节点参与其中，可以有效促进机构之间的数据共享。

第一种模式下，征信机构各方参与者是主要参与节点，既提供数据，也查询数据。征信机构之间相互请求数据读取，支付费用之后，在不查看原始数据的前提下，查询对方的数据库。

第二种模式下，征信机构向其他机构请求信用数据的读取，采用多源交叉验证的方式，保证获取数据的真实性且不被篡改。

3. 信贷交易的业务架构

一笔信贷交易包括客户宣传、业务受理、尽职调查、项目审批、贷款发放、贷后管理等环节，将智能合约写入区块链中并应用于信贷交易，能够简化交易流程、降低交易成本。并且区块链储存客户信用记录，可以根据智能合约中的标准自动触发信贷交易，节省中间环节。

在区块链与智能合约相结合的信用交易环节，参与联盟链的成员达成数据调用合约后，将智能合约打包到区块链；机构 A 发起信贷申请，通过 P2P 网络扩散；联盟其他节点先后收到 A 发来的请求后，非共识节点查询各自数据库，获得机构 A 的信用信息查询结果，再对查询结果签名后定向反馈给查询方，结果摘要通过 P2P 网络传播。如果查询结果符合信贷要求，共识节点将交易打包到区块链，区块链上的智能合约触发，机构 A 获得信用贷款，区块链征信平台自动记录此次交易信息，并追踪后续贷款偿还。

## 多维度精确数据打破“信息孤岛”

传统征信业务模式下，各征信机构以数据为生产要素和主要盈利点，不愿、不敢、不想共享所掌握的数据，而区块链技术的全程留痕、不可篡改等特点，可有效解决当前征信机构在数据共享方面的行业痛点，减少银行放款风险，助力企业融资。

目前征信体系中依然存在信息被故意篡改且数据无法追根溯源的情况，其数据的共享成本偏高，很难实现多方互信。信用数据是一个多维度数据的集合，各机构均存在“信息孤岛”，各机构所持有的数据维度不足，对一个信息主体评价时，存在很大的不确定性。而将区块链技术应用征信领域可以有效解决当前问题。

1. 海量记录信息，实现征信数据高覆盖

区块链征信系统自动记录信息，凡在区块链征信系统上交易的企业和个人，其信用信息都会被记录。

与传统的人工采集方式相比，区块链征信系统数据的覆盖率显著提高，成本大幅降低。并且，区块链具有可追溯性，记录的信息相对公开透明、篡改难度高，因此数据分析结果的正确性和数据挖掘的效果得到保证，数据的质量获得前所未有的提高。

2. 打破共享障碍，促进信息平台交流

区块链上存储的数据可以在不使用原始数据的情况下被读取，并根据数据读取者的身份展示出其所需要的数据，数据隐私由此得到了严密保护，数据生产者的合法权益也得到了保障。将区块链和大数据技术结合起来运用于征信增加了数据采集的维度，使信用数据模型更加可靠。

此外，区块链上的数据具有统一的标准，能够满足监管部门的要求，同时方便数据共享。

3. 保护原始数据，维护数据所有者权益

区块链上记录的信用信息能够明确数据的所有权，其他节点进行数据查看时，必须经过数据所有者的同意，查看数据的用户无法修改和提取原始数据，数据的产权受到保护。区块链上的数据通过公、私钥进行加密，他人查看时可以不访问原始数据，数据所有者的权益得到保护。

4. 结合智能合约，有效降低交易成本

作为信息存储平台的区块链征信系统，同样可以将智能合约放置在区块链上，智能合约与区块链结合，使传统的信用交易流程得到简化，智能信贷由此产生。而且区块链上存储大量可靠的信用数据，不需要从第三方获得信用信息，一旦区块链上的信用数据满足智能合约的信贷标准，信用交易自动执行，整个交易过程也会被区块链记录下来，作为信用数据的一部分，交易成本大大降低，信用交易更加方便快捷。

长三角征信链是利用区块链、大数据技术在实现区域内征信机构数据共享互通方面作出的积极探索，根据不同的访问权限，在有效授权前提下，可以实现信息异地共享、拓宽数据渠道、节省采集数据成本、扩大协作空间，并于2020年10月上线试运行。

在长三角征信链平台赋能，金融机构获得企业授权的前提下，可迅速查询平台企业的信用报告，也因此帮助企业更高效、便捷地融资。截至2021年6月末，苏州金融机构累计依托平台给493家企业放贷，放贷金额达48.23亿元。

## 数据公开实现"穿透式监管"

联盟链可以为信息提供方、征信机构、人民银行以及信息使用者提供去中心化的系统运行机制，打破互联网的治理边界，让数据实现真正意义上的公开透明，并基于其分布式数据存储、时间戳印迹的特点，提高数据的可追溯性。

对于个人征信管理来说，征信机构作为区块链上的一个节点，有权查看每一条信息提供方分享的数据。此时，如果社会个人甲在A银行产生了不良信贷记录，那么通过A银行上传的数据，征信机构就能实时查看相关信息，调整征信评估结果。这样可以防止甲再通过B银行贷款偿还A银行的不良信贷，发生以贷还贷的不良循环，从而将信用风险尽早扼杀在摇篮之中。因此，借助联盟链，征信机构可以共享黑名单，实现"穿透式监管"，也可以实时监控所有节点上传数据，化被动为主动，及时更新与个人信用评估相关的事件，防范风险事件的发生。

对于征信机构管理来说，央行作为区块链上的一个节点，有权查看征信机构提供的征信结果。此时，某征信机构如果频繁调整关于社会个人甲的信用评估结果，且无法提供正当理由，则可通过区块链追溯调整原因和调整人员，检查是否有舞弊情况发生。因此，借助联盟链，央行也能实现对征信机构的动态监管，减少暗箱操作、徇私舞弊的风险。

对于央行来说，联盟链的使用不仅提高了链上信息提供方、征信机构、信息使用方的信息透明度，也使央行自身的信息更加公开透明。如果央行对某民营机构的征信结果提出质疑，那么联盟链上所有的人都可以投票评价央行处置原因的合理性及处置结果的公正性。

此外，对于社会个人来说，其虽不具有在联盟链上写入、使用数据的权限，但是可以通过开放接口阅读链上非加密的公开信息。一旦发现自己的征信结果、详细记录与实际情况不符，就能及时提出异议，请求修改错误的征信结果，减少不良征信对个人生活产生的不利影响。

## 利用智能合约贯彻落实法律法规

传统的契约由人制定规则并由人执行，遇到边界问题或者异常情况，也由人界定。但有了智能合约后，开发者通过智能合约制定一套规则，人与智能合约能够进行交互，由机器去完成业务的部分，由此规避业务人员执行契约时可能发生的执行漏洞或者舞弊行为。举例来说，智能合约技术可以运用在如下文所述的法律法规执行场景中。

场景一：针对需要限制高消费的人群

首先，开发者将运输公司、星级场所、销售不动产的公司、销售车辆的公司、保险公司定义为存在潜在风险的交易对象。

其次，一旦被执行人因未在执行通知书指定的期间内履行生效法律文书确定的给付义务，被判断为需要限制高消费的人群后，被执行人的所有交易对手方均须经过机器判断。如果是上述高风险的交易对象，需要再进一步判断其是否属于购买二等以上座位、购买非必需车辆或房产、购买高额保费理财产品等情况。

最后，如果确实属于法律限制行为，则立即禁止被执行人账户发生交易，切实发挥限高若干规定对失信者的惩戒作用以及对潜在失信者的震慑作用。

场景二：针对越权查询

开发者规定机构进行个人征信查询时必须经过个人签名授权，即使已有授权也必须在查询时通过电话、短信或邮件通知被查询人，否则将限制查询人的查询权限。如果个人已被查询征信，但事前并不知情，则可以通过电话、短信或者邮件链接进行申诉，撤销查询记录，减轻非法查询带来的不良影响。

## 多层次信用体系打破信用机制的滥用

近十年，国家加大了社会信用体系建设，为增进社会互信起到了积极的作用，国家在提出放宽市场准入条件的同时加强了市场主体监管的改革。目前国家采取以“双随机、一公开”监管为基本手段、以重点监管为补充、以信用监管为基础的事中、事后监管机制。通过实施信用监管，让失信者寸步难行，让守信者一路畅通。

然而，现实中却存在信用机制被滥用的情形，给社会信用体系的建设添加了层层阻力。如，学校招生先看学生父母是否失信等；不区分负债人与“老赖”的性质，致使负债人因疾病、失业、破产等使负债加重，损害社会安定团结氛围。尤其是资本绑架下的信用机制被滥用，资本假借信用机制之名对实体企业及其业主个人、亲属等滥用担保、反担保等强制性措施，此时实体企业就是有持续经营和盈利能力，也依然没有信用修复机制的保障，而且会对创新型中小微企业造成巨大的侵害和掠夺。因此，国家相关部门明确强调信用体系建设要防止失信行为认定和记入信用记录泛化、扩大化，防止“失信黑名单”认定和实施失信惩戒措施泛化、扩大化，防止包括个人信用在内的其他信用建设举措应用泛化、扩大化。

区块链改变了人与人之间的信任方式。区块链的多层次信用体系建设可以打破传统单纯法律法规层面的信用体系构建机制，增加精神文明建设和道德层面等多层次信用机制，引导社会规范和市场经济从以惩戒措施为主到以激励机制为主、惩戒措施为辅转化。

区块链作为一种基于 P2P 网络和开源系统之上的技术，在同货币相关的交易支付等领域有诸多优势，例如去信任机制、去中心化、不可篡改和加密安全。在新的作业环境下，首当其冲的受益表现在某些交易环节的减少带来的成本大幅下降。另外，去信用机制保障了各参与方（如第三方支付机构）不存在失信或被失信现象，也就不存在“信用”“征信”概念错乱、表述不清或边界模糊的问题，不存在信用部门内部频繁出现“最该管的三不管”“文件内部流转、落实不过三级”的说法，不会混淆“负债人与老赖”“征信与诚信”“信用与道德”等性质，不会让不良黑贷或高利贷网络小贷得逞，更不会将信用机制陷入复杂的惩戒或激励事务之中。区块链技术为价值链网参与者之间的借贷提供了便利快捷的通道，也为供应链金融提供了更广阔的空间，不会像传统银行或金融机构那样，因存在缺乏真实、实时、足够的企业交易活动记录和数据等系列难题而必须采用复杂的征信系统和信用体系来规避金融风险。

# 第七章　区块链+数字医疗：不可篡改和超级精确

# 区块链技术对传统医疗的影响

医疗事业关乎每一个人的切身利益，医疗健康发展是否顺利直接影响每一个人，因为所有人终其一生都会和身体健康打交道。

医疗健康是一个重要的领域，也是一个非常关键的领域。如果能用一套系统来支持医疗健康事业向着更快捷、更安全、更人性化的方向发展，绝对是一件利国利民的事情。

传统医疗救助事业存在不少亟待解决的问题：一是优质医疗资源分配不均导致看病难且耗时费钱；二是信息不对称、过度重复医疗、跨境的优质医疗资源没有互通的桥梁；三是信任缺失，结账的效率低，这是医疗健康领域最主要的痛点，主要在于医生和医生、医生和医院、医院和病患之间信息不通畅，彼此之间缺乏信任。

区块链的出现之所以能为医疗健康产业带来影响和变革，主要是因为其能有效记录、管理和追踪医疗健康领域的数据信息。另外，医疗行业的发展对人类社会的影响最为直观。随着人们对生命意识的提高，大健康产业也被人们广泛重视。长远来看，随着区块链技术的落地和发展，它将给医疗领域带来显而易见的革新，医疗机构、制药厂、保险公司以及所有人都可以从中获利。

在医疗健康领域，不同医疗机构都存储着大量患者的健康数据、药品来源等敏感信息。区块链技术可通过打通信任壁垒，实现医疗数据的分布式存储、管理和共享，确保数据不被篡改、损毁，更能利用匿名化等手段保护病人隐私。同时，通过规范医疗行为，能有效提高健康医疗服务效率和质量，推动健康医疗大数据应用的创新发展。

（1）区块链技术能够在确保医疗数据共享的基础上保证信息不被泄露和篡改，提高医疗协作度和数据安全。如今，包括电子病历、医保数据、健康档案等在内的所有医疗健康数据，基本上全都存储在公共卫生部门或医疗机构的内部数据库中，因为涉及个人隐私，很少能被共享和开发利用，但这并不意味着这些数据本身很安全，系统性的数据泄露事件也有发生。

（2）基于区块链“安全可靠”的特性，可以将病患的个人就诊记录、身体状况甚至是基因状况等一系列生命体征形成一个评估系统，通过溯源机制，实现信息链上的来源可查、去向可追、责任可究。因此，区块链技术可以真正实现健康医疗更加高效、智能的愿望。

（3）当前，医院医疗网的所有数据流都汇集到单一的中心控制系统，初时只嫌少，但随着数据的大量增多，成本也会大幅增加。去中心化的区块链技术不采用中心服务器架构，没有中心控制系统的压力。尽管有人说如果医院医疗节点太多，而各节点都需要区块有计算能力的话，对成本也是一个巨大挑战。但医院可以采取一种介于中央控制与全分布控制的折中方案，即将医疗网的节点分为两层，选择其中一层的少量节点按区块链方式工作，尽可能地利用其优势，规避其弱点。更何况，随着区块链技术的发展，优势会越来越明显，缺点则会越来越少。

（4）减少患者重复检查的麻烦。应用区块链技术，可简化流程，使信息流动更便捷，大大减少患者重复检查的麻烦。

（5）提高医疗机构技术价值。区块链技术形成的闭环医疗网络，可以最大程度整合医疗机构的大量信息，实现医疗信息安全存储、安全流动、安全可控。为保证区块链平台的安全可控，未来还将不断提高区块链安全隐私关键技术水平，全面支持加密算法和标准，以满足业务数据的隐私要求。

（6）提高贡献收益来源。贡献收益是基于区块链底层技术的人、货、场平台的全程记账、不可篡改和存证来评估医联体各方服务贡献值，进而进行合理分配的收益，区别于依赖医疗服务或售卖药品所得的主营服务业务的直接收益。因此，引入来自社会多层次价值流转的贡献收益可有效解决当前医疗机构和大药房在患者资源及收益共享方面分配不平衡、不充分的行业痛点，以医疗救助服务贡献越大其贡献收益越大为核心，让医疗机构和大药房回归医疗救助服务的本质，提升医疗机构和大药房的服务贡献意识，而不是针对医疗救助服务来计算收益。通过多层次价值链网，联动消费的各个领域，将使用消费算力和医疗救助算力产出的数字资产和重构各个消费领域的价值碎片转化为贡献收益，可以在大幅度提高社会消费品零售总额、医疗机构和大药房贡献收益的同时，提高患者支付各种医疗费用和医药费用的能力。

区块链在医疗机构的赋能远不止上面这些，其在打造未来生态大健康环境上也会做出越来越大的贡献。放眼全球，虽然目前人们对区块链技术在医疗领域的应用仍显陌生，但有越来越多的国家看好区块链在医疗领域的应用。

另外，在医疗健康领域，区块链可用于管理和归档纷繁复杂的医疗记录，例如医疗人员每天都要处理的各种临床文件、发票、研究和诊断测试结果等，而区块链技术的应用却可以轻而易举地解决这些问题。因此，很多大型医疗机构都在思考如何使用区块链技术来提高他们各方面的工作效率。

## 区块链药品供应链的防伪与追踪

### 一、药品溯源存在的痛点

1. 假药的存在

药品从生产到使用要经历多个环节，中间涉及许多的人员和企业，不法分子利用环节的漏洞，制造、销售假药谋取利益，给人民安全造成危害。

2. 信息易被篡改或伪造

整条供应链存在多个信息系统，系统之间存在诸多壁垒，难以交互，数据不互通。现有的数据多数存储在药企的中央数据库中，容易被篡改和伪造。

3. 监管追责难

药品供应链环节多、信息数据相对独立且容易被篡改，一旦出现问题难以追究其责任对象，不利于药品监督部门的监督管理。

## 二、区块链技术在医药领域的应用

区块链本质上是一种分布式账本数据体系，核心要素包含分布式存储、非对称加密、不可篡改、去中心化等，这能让各类信息完全透明，并且提供药品全生命周期的完整信息流，轻松实现追溯，能够很好地解决医药领域的发展痛点。

1. 区块链 + 药品防伪

运用区块链技术，原材料、药品制造、厂商生产、第三方转售等各流通环节都会被记录上链，保证数据实时共享、安全透明、可查可验和去中心化，并且这些信息不可被篡改。同时，消费者通过防伪码可检验药品的真实性，更能确保所买药品的安全。

2. 区块链 + 药品追溯

区块链技术让药品流通数据透明，能轻松追溯药品从原材料到终端消费的完整过程，更能准确、快速地识别问题发生的具体节点，大大提高相关部门对药品安全的监督效力。此外，区块链技术还可以用来监督医生是否滥开药品，增加处方安全。

3. 区块链 + 药价控制

区块链技术将各个环节的成本高度透明化，让医药消费者知晓真实的药品成本，从源头上防止药品价格虚高。并避免制药公司和医院乱抬药价。

越来越多的医药企业应用区块链技术，更多潜在的应用场景被挖掘，区块链在医药领域的应用正走向全新的阶段。未来，区块链技术将持续赋能医药产业，进一步加速药品领域的溯源产业发展。

# 区块链电子处方：远程不再重复拿药、配错药

随着我国医疗体制改革的不断深入，为实现医保控费、医药分开，改变以药养医的运行方式，国家陆续出台了药品零加成、控制药占比、带量采购等一系列政策措施，推动了处方外流。互联网医疗的兴起令电子处方从技术上有效降低了处方流转的难度和成本。无论是在线下还是在线上，电子处方流转已逐渐形成趋势。

## 一、电子处方共享流转系统存在的问题

1. 中心化问题

一方面，中心化的部署与数据存储存在单点故障，容易受到黑客或病毒攻击而导致系统整体瘫痪或丢失数据；另一方面，传统的电子处方平台虽然可以通过电子签名、加密等手段来保证电子处方的真实性、完整性、隐私性，但是其有一个重要的前提，即需要完全信任 CA 认证中心。

2. 处方重复使用问题

电子处方在共享流转过程中，很难有效控制其不被重复使用，存在处方药滥用的风险。

3. 隐私保护问题

电子处方并没有完全掌握在患者本人手中，不能做到授权使用，容易造成个人信息泄露。

4. 易篡改、难监管

在电子处方从开具到患者拿药的整个过程中，有很多环节都存在被篡改的风险，且很难进行追溯和监管。

## 二、区块链技术的应用

区块链是一种分布式数据存储结构，采用加密、时间戳、共识机制等技术，保证数据交换的安全性，防止数据被篡改。其去中心化、可扩展、匿名性、安全可靠等技术特点可以为上述问题提供解决方案，确保电子处方数据的真实性和完整性，并解决数据安全、身份认证、隐私泄露、处方滥用、线上线下一体化监管等问题。区块链技术的应用主要包括以下 6 个环节：

（1）患者完成问诊、医师用 HIS 系统开具电子处方后，先计算电子处方的哈希值，并用医师私钥进行加密得到医师签名，然后用目标区块链节点的公钥将电子处方和医师签名进行加密，将其推送到区块链目标节点；节点验证电子处方的真实性和完整性后，将电子处方完整信息加密存储在 IPFS 集群，将电子处方摘要及存储地址、患者公钥和医师签名等数据打包成新区块添加到处方链。

（2）药师首先验证处方的真实性和有效性，然后审核处方，出具审核意见并签名，最后将审核意见和药师签名等数据打包成块添加到审核链。未通过审核的处方将推送给医师修改或重新开具。

（3）处方审核通过之后，系统检索匹配满足处方需求的合规药店信息，确定可供选择的药店名单，并生成询价订单，最后将订单信息和处方发送到患者手机上。

（4）首先，验证处方的有效性，包括处方有效期，是否重复使用等；其次，患者选择药店、支付方式和取药方式，并支付订单；最后，将订单信息和支付信息加密存储在 IPFS 集群，并将信息摘要添加到支付链。

（5）药店确认订单，在验证确认处方的真实性和有效性后，由药师进行复核、调剂并签名，完成现场发药或快递配送，最后将完整的调剂和配送物流等详细信息加密存储在 IPFS 集群，将包含药品信息摘要、复核调剂药师签名等信息存储添加到调剂链，将配送物流信息的 IPFS 存储地址存储到配送链。

（6）将药师为患者提供的药学延伸服务信息加密存储在 IPFS 集群，并将其摘要存储到药事服务链。

2021 年 9 月 18 日，蚂蚁金服和上海复旦大学附属华山医院合作推出全国首个区块链电子处方。作为全国知名的三甲医院，这次华山医院在全国率先使用区块链电子处方，就是希望把复诊患者都引到线上看病，以提高看病效率，同时保证处方药流通安全。今后患者只需要点开华山医院生活号，就能把病给看了，医生远程开好处方药，患者在家坐等送药上门。

## 电子病历：保存个人医疗记录

电子病历系统一直以来存在一个问题：不能管理多个机构的医疗记录。患者的数据分散在不同的组织中，各个机构之间数据不互通，一个机构的数据难以转移到另一个机构的数据仓库中，这就形成了“数据孤岛”。

在这个过程中，患者失去了对过去数据获取的便利性，因为医院方通常采用的是中心化的数据库储存信息。缺乏协调的数据管理和交换意味着健康记录是支离破碎的。

区块链技术对于完善电子病历、助力其更好地推广落地有相当大的作用。使用区块链电子病历系统，能完整记录患者诊断结果、用药记录、过往病史、健康状况等数据，以及医护人员的诊疗、药品的用量，医疗器械的使用等涉医数据。各个医疗机构都可以在收集的信息链中，提取各自所需信息。

区块链技术在医疗数据方面的应用，还可以实现多方在区块链平台上对数据的共享、获取患者历史数据、将共享数据用于建模和图像检索、附注医生治疗和健康咨询等。患者也可以通过对数据资料的随时查阅，了解医生诊疗的全过程，并且对自己的疾病治愈和后期康复过程有更直观的认识。

区块链技术的应用能很好地解决医疗信息的安全和共享的难题。区块链不可篡改的特性，保证了存储在区块链中的数据都是安全可靠的；区块链数据的可追溯性，保证了每一个写入区块链的数据都是有迹可循的。此外，因为区块链中的数据是分布式存储的，数据由参与区块链各方共同持有，这为各方的数据共享提供了条件。

在基于区块链的系统开发中，将智能合约部署到区块链中，使病人可以直接对自己病历做安全有效的管理。同时对于医生来说，如果可以从就诊病人处查看到病人的完整就诊信息，也就为医生的精确诊断提供了强有力的科学的依据。

邵逸夫医院利用区块链技术，将有效解决电子病历数据安全管理、流程管理和司法认可的难题，也让患者本人成为个人医疗数据真正的掌控者。

目前，邵逸夫医院已经在该院各科室实现从手术医生书写手术记录、主诊医师负责审核，到电子病历归档等全流程上链，并同步到杭州市互联网公证处和互联网法院等司法机构，实现了电子病历、电子证据固化。

电子病历的“上链”可以从技术上倒逼医生提高书写电子病历文书的及时性、准确性、规范性和客观性，提高医疗行为的质量和效率。同时，其也能够进一步保护患者隐私，增强患者使用医疗数据的自主性，推动实现居民医疗信息的共享和医疗的去中心化。

邵逸夫医院在电子病历的区块链应用实践，不仅能推动医疗机构病历数据安全有效地共享和流转，也将促进政府、医疗机构、药企、保险等多方联动，建立医疗行业联盟链，解决“医院重复检查”“医疗保险欺诈”“药品假冒”等痛点，促进整个医疗健康体系更高效地运转。

## DNA钱包：存储基因和识别医疗数据

华云链是一个综合且专业的区块链服务平台，在华云链 BaaS 平台上主要包括健康产业交互与共识形成的联盟链。华云链是一个多中心的区块链，它的每条联盟链都可以看作是一条独立的分链。

华云链是为商家提供以医疗健康为核心内容的多功能的商业平台，就医疗行业的特定需求形成了咨询、就医、体检、知识普及、上门护理、慢病管理、转诊出院、疾病预防、专业查询、共享设备等端口。

比如，健康和心理咨询服务，在华云链各端口的链上所有商家均可上传在健康和心理咨询方面的特色门诊和优质资源，由链上用户挑选并进行在线咨询及看病预约等。

华云链 DNA 钱包的形成是因为基因和医疗数据能够运用区块链技术进行安全存储并且可以通过使用私人秘钥来获得。这一 DNA 钱包使医疗健康服务商能够安全地分享和统计病人数据，帮助药企更快速精确地研发药物。

通过区块链基因组学、蛋白质基因组学技术和医学前沿技术，可以精确地寻找得到特定疾病的原因与特定疾病治疗的“靶点”，最终实现对疾病和特定患者进行个体化精确治疗的目的，然后依据特定蛋白质的功能进行药物设计。这种区块链与高新医学的结合能够实现精准医疗。

## 分子手术：智能医疗和分子技术的完美结合

科学研究显示，所有的疾病都有其分子变化的物质基础。因此，分子手术就是通过人工智能医疗器械和分子技术工具修饰或改造分子的结构和功能状态，以纠正亚健康或疾病状态的细胞或功能组织的措施和手段。与传统的以刀、剪、针等医疗器械在病人体局部进行的切除、缝合等破坏组织器官完整性的治疗手术不同，分子手术不会产生组织或器官的创伤，甚至可以在细胞凋亡之前修复细胞的再生能力。

脉诺医生是运用人工智能、大数据、云计算、高速网络传输（5G）、区块链等技术研发的智能医疗机器人，也是分子手术的代名词。其首先通过顺磁共振技术、区块链无限网格微区块技术和BM动态标准技术等描绘人体各个器官组织细胞的分子基团波谱分布图，制定人体生化地图；然后利用中医的君臣佐使配伍原则和辨证论治理论组方，通过顺磁动力探针系统的感应并发射特定波长的电子束干预某一类分子的电子基团，达到修饰或改造分子结构与功能的目的。因此，分子手术理论上是目前已知最精准的数字医疗手段，为未来医学和数字医疗开辟了全新的路径。

## 区块链+第五层次医疗保障体系

目前我国的多层次医疗保障体系有四大层次、十四个类别，结构如表7–1所示。

**表7–1　我国的多层次医疗保障体系**

| 层次 | 资金来源 | 类别 |
|---|---|---|
| 第一层次 | 国家医保 | 城镇职工基本医疗保险 |
| | | 城乡居民基本医疗保险 |
| | | 城乡居民大病保险 |
| | | 大病保险、职工大额医疗费用补助 |
| | | 公务员医疗补助 |
| | 财政补贴医保 | 疾病应急救助基金 |
| | | 城乡医疗救助基金 |

续表

| 层次 | 资金来源 | 类别 |
|---|---|---|
| 第二层次 | 补充医疗保险 | 企业（行业）补充医疗保险 |
| | | 职工和家属医疗互助 |
| 第三层次 | 商业医疗保险 | 普通医疗保险 |
| | | 特种疾病保险 |
| | | 特定人群保险 |
| 第四层次 | 公益慈善互助 | 公益慈善捐赠 |
| | | 医疗互助 |

而实施国家多层次医疗保障体系建设的主要力量——医联体业务模式主要有四种：城市医疗集团、县域医共体、跨区域专科联盟、远程医疗协作网。

从医联体合作业务来看，虽然在一定程度上缓和了医患矛盾，但其发展不甚理想。解决的办法就是要打造第五层次医疗保障体系，建设第五种医联体即为新医联体引入由区块链技术主导的多层次价值链网平台，为新医联体各方医疗机构及大药房注入新的收入来源——贡献收益，保障新医联体各方的可持续性医疗救助服务职能。从2021年我国的医疗卫生开支达到7.55万亿人民币来看，通过激发社会力量建设区块链+第五层次医疗保障体系，能够促进医疗健康行业发展成为现成的万亿级产业市场，并有效地保障第五种医联体的持续性发展。

第五层次医疗保障体系建设的资金主要来源于医疗救助基金的募捐。医疗救助专项基金主要用于帮助患者支付医疗费用和对优质消费项目的慈善保值增值投资。救助患者的方式主要有两种：一是医疗报销，二是医疗互助。第五层次医疗保障体系建设是对国家现有多层次医疗保障体系建设的健全和补充，是“取之于社会，用之于社会”，是“人人帮我，我帮人人”的建设中国特色社会主义精神文明和弘扬中华民族传统美德的具体实践。

“区块链+医疗”的应用成为时下热点，广西大数据局、中国—东盟区块链创新中心等深度开发区块链技术的应用潜力，共同开发了数字集市医疗救助工程项目——医疗减免App公益平台。平台以志愿者为核心发动、凝聚和健全社会力量，链接社会消费品各个层次的行业，以消费算力捐赠帮助患者支付医疗费用、检查费用或医药费用，同时赋能并投资优质消费品生产企业，生产企业再发挥第三次分配的积极作用回馈医疗救助基金，形成消费、医疗救助闭环生态系统。同时，通过数字集市云平台令第五种医联体的各个参与方可以依据服务患者的贡献值获取合理分配的贡献收益，促进医联体各方主动共享患者资源，而不是以各自的医疗费用、检查费用或医药费用等为主营收益，促进医疗机构大药房回归医疗救助服务本质，减轻国家和个人的医保费用负担。

易联众也打造了“分布式”医疗SAN Cloudchain，以个人健康为中心“链”接多产业。

易联众坚持以数据链为基础，重点围绕“医疗保障、卫生健康、人力资源与社会保障”等民生领域，专注打造全方位的整体解决方案和产品与技术服务体系，致力于以数字化重塑民生健康新生态。

易联众是国家医保信息平台项目的重要承建商之一、国家卫健委电子健康卡应用与推广服务商、国家人社部核心平台的前台技术支持商，参与制定了多项国家标准，是民生行业标准的制定者之一。

易联众“分布式”医疗 SAN Cloudchain 构建的多层次医疗保障体系，一方面可提高居民医保信息的利用率，引入健康险、推进信用就医进程；另一方面，能够推动市场化的商保资金介入，缓冲医保基金穿底的风险。

“分布式”医疗在个人信息授权的基础上，使医保及医疗、个人健康数据的可信流转成为邀请第三方商业化公司合作的驱动力，并通过信息化平台实现对医保数据“领取—授权—应用”的服务流程，探索出构筑数据资产流转的有效机制。

# 第八章　区块链+万物互联：为数字经济创造新生态

# 区块链促进物联网跨级发展

物联网被称为“世界信息技术第三次浪潮”，其发展前景及空间被人们津津乐道。

物联网即“万物互联网”，顾名思义是指任何时间、任何地点都能实现人—人、人—物、物—物、人—机、机—机、物—机等之间互通互联的人类世界最庞大的网络，是运用互联网技术将信息交换及流通拓展到人、物、机之间的过程与系统，而区块链技术的嵌入及其多层次场景应用将物联网推向了数字经济发展的新高潮。物联网的实现最早可追溯到 1990 年施乐公司的网络可乐售卖机；1995 年，比尔·盖茨在《未来之路》一书中提出了物联网概念；1999 年，中国科学院及美国麻省理工学院等进行了物联网的应用性研究。

具体来说，物联网是指利用信息传感设备，实时收集各类需要监控、管理、连接、交互的物品过程性信息，从而实现物品与物品、物品与人的网络化信息连接。目前其应用模式主要有两种：一是通过智能标签来识别对象，这是基于 NFC（近距离无线通信技术）、二维码等技术实现的；二是基于云计算和智能网络，加强对物品的智能控制，如根据车流量调整红绿灯时间间隔、根据温度调整室内大棚供水量等。

物联网用途广泛，涉及公共交通、公共安全、环境监控等人类活动的各个领域。专家预计，物联网将是下一个推动世界经济发展的引擎，能够提供一个万亿级的巨大市场。可是，物联网的发展目前还面临着众多难题：

（1）中心控制需要巨大的成本。物联网将所有信息数据汇总到统一的中心枢纽，中心枢纽需布置大型服务器，承担巨大的成本压力。

（2）隐私保护的问题。数据汇集到中心枢纽的过程中，很容易出现隐私泄露的问题。

（3）网络暴力攻击。美国曾发生僵尸物联网入侵摄像头，感染超过200万个摄像头的事件，设备入网后很可能成为系统暴力攻击的对象。

（4）无统一标准和平台。在通信兼容层面上，全球并没有统一的物联网标准及平台，而是存在多个竞争性的系统标准及平台，物联网之间的通信存在障碍。

（5）协同成本高。物联网参与者可能包括个体、企业、机构等多方主体，如何低成本实现多方协作是一个现实的问题。

近年来，物联网作为通信行业的核心发展领域之一，正逐步向建立领域聚焦、能力聚集的物联网生态方向快速演进，引入各类新兴技术已成为通信行业培育物联网生态的重要手段，而区块链技术、人工智能、大数据、云计算、5G和物联网的有机融合已然是其中不可或缺的重要组成部分。

1. 提高5G网络覆盖能力

5G网络作为当前国内外运营商着力建设和争抢的移动通信网络，理论传输速度可达每秒数十吉比特，而通信运营商可以利用区块链技术来提高其5G网络的服务能力。

5G 网络使用的频率较高，基站有效通信覆盖面相对较小、信号穿透力相对较弱，若要满足网络覆盖需求，需大规模地部署基站和室内微基站，巨大的成本投入是通信运营商面临的极大挑战。为解决此问题，有些运营商考虑利用区块链技术打造 5G 微基站联盟，鼓励普通个人和商户部署自己的 5G 微基站，并通过联盟接入通信运营商网络，共同向用户提供 5G 接入服务，提高网络覆盖能力的同时最大限度降低网络建设与维护成本。

在 5G 网络构建与区块链技术融合方面，中国联通已与贵阳市政府展开密切合作，将区块链技术应用到贵阳市“一个基地、一个实验室、一张网络、一个平台、十二个应用”的 5G 产业体系当中，其中一个重要的发展方向便是 5G 物联网环境建设，主要思路是面向智慧交通、智慧医疗、智慧城市、智慧安防、智慧校园等领域，开展包含区块链技术的物联网试点应用，并逐步推广，培养物联网生态。其他运营商也在这些方面积极部署和试点。

2. 提高网络边缘计算能力

目前，我国已经启动了八大枢纽 + 十大集群 + 省级节点 + 边缘节点联动的国家“东数西算”工程，构建了基于区块链底层技术开发的物联网应用场景，为当前中心化核心节点产生的制约问题提供了解决方案。同时，通信网络向扁平化发展，通过增强边缘计算能力提高网络接入和服务能力已成为发展趋势。

通信网络的扁平化与区块链的去中心化有着天然的互补特性。利用区块链去中心化机制，可以把物联网核心节点的能力下放到各个边缘节点，核心节点仅控制核心内容或作为备份使用，各边缘节点为各自区域内的设备服务，并可通过更加灵活的协作模式以及相关共识机制，完成原核心节点承担的认证、账务控制等功能，保证网络的安全、可信和稳定运行。同时，计算和管理能力的下放，亦可增强物联网网络扩展能力，支撑网络演进升级。

通信运营商可以提高其通信网络的边缘结点的独立性及服务能力，并提高其与其他通信运营商通信网络的网间协作能力。不同通信运营商的边缘计算结点之间可以相互协作，协同为这些通信运营商的用户提供通信服务。

3. 提高物联网身份认证能力

数字身份是指将用户或物联网设备（包括物）的真实身份信息浓缩后的唯一性数字代码，是一种可查询、可识别和可认证的数字标签，数字身份在物联网环境中具有代表身份的重要作用。

可以利用区块链中的加密技术和安全算法来保护数字身份，构建物联网环境下更加安全、便捷的数字身份认证系统。

数字身份在上链之前需要通过认证机构（例如，政府、企业等）的认证与信用背书；上链之后，基于区块链的数字身份认证系统可以保障数字身份信息的真实性，并提供可信的认证服务。物联网中各设备都有自己的区块链地址，可以根据特定的地址注册，从而保护其数字身份不受其他设备的影响。

4. 提高物联网设备安全防护能力

基于成本和管理等方面的因素，大量物联网设备缺乏有效的安全保护机制，例如，家庭摄像头、智能灯、路灯监视器等，这些物联网设备容易被劫持。被劫持的物联网设备经常被恶意软件肆意控制，并对特定的网络服务进行拒绝服务（DDoS）攻击。

为了解决这类问题，需要发现并禁止被劫持的物联网设备连接到通信网络，并在它们访问目标服务器之前就切断它们的网络连接。通信运营商可以升级物联网网关，并用区块链将物联网网关连接起来，共同监控、标识和处理物联网设备的网络活动，保障并提高网络安全。

5. 提高通信网络运维能力

对于通信运营商来说，传统的电信设备运维面临着诸多问题，例如，设备的日常维护、巡检等工作会耗费大量人力和时间，同时运维数据也可能面临造假、不信任等问题。而基于物联网、区块链技术，则可以减轻或解决这些问题。而结合物联网技术可实现通信设备与感知设备的信息互联互通，例如，自动感知技术可实现数据的自动采集，将传统的设备运维扩展为自动化检查，可极大地提高运维工作效率。

另外，在设备现场可安装温度、湿度传感器或摄像头，实时获取各种运维数据、环境数据等，或是利用探测器定时对设备进行拨测，检测设备运行状态等。借助物联网、区块链技术，可以提高电信设备的日常运维及巡检效率，并能实现数据的真实可信。

6. 提高国际漫游结算能力

未来，伴随物联网连接空间的不断扩张，全球通信运营商将很有可能需要针对物联网环境，建立易于操作和运维的国际通信漫游业务以及相关结算体系。

区块链技术可为相关需求提供支撑，帮助运营商建立低成本、高可靠、智能化的漫游结算体系，包含身份认证、漫游计费、欺诈识别和费用监测等服务功能。

利用区块链系统可信度高和防篡改的特性，运营商及其漫游伙伴之间可以共享一套可信、互认的漫游协议文件及财务结算文件体系，所有的漫游记录全部都上链，令数据可查可被追溯、安全透明，提高结算工作效率，消除之前因为信息不一致带来的争端和难题。

7. 提高物联网数据管理能力

物联网时代，人与物、物与物的连接数呈爆发式增长，使通信运营商管理的数据规模不断攀升，数据管理过程中相关信息的确权、追溯、保护等工作也面临全新挑战。为应对这些挑战，通信运营商可利用区块链技术进行数据存储管理，解决传统数据存储模式的中心化、易被攻击和篡改等问题，也可使用区块链平台提供数据交易和交易确权服务。

8. 提高物联网价值碎片重构能力

物联网提供了多层次价值碎片重构场景，完善了价值链网的多层次价值流转。基于中国—东盟区块链（桂链）和腾讯区块链底层技术构建的数字集市云平台的消费算力，解决了消费需求价值的量化和流通变现问题，促进了供需双方的良性互动和循环。

## 区块链提高物联网平台能力

区块链提高了物联网平台的能力，具体体现为：

1. 基于区块链的物联网业务平台

当前，物联网业务平台多种多样，支撑着种类繁多的物联网网络和服务需求。传统的物联网业务平台通常是中心化的。

传统的物联网业务平台作为连接和服务中心，它连接和管理物联网应用、物联网业务，物联网设备、物联网数据。并且，在传统的物联网业务平台中，物联网应用和物联网业务只有通过物联网业务平台才可以访问物联网设备和物联网数据。

根据物联网业务平台的部署和协作机制，物联网业务平台可以分为三种工作模式：中心化工作模式、分布式工作模式和去中心化式工作模式。

在中心化工作模式下，物联网业务平台部署在系统侧的单一位置（例如，某个数据中心），由单一平台供应商管理，并向物联网设备、物联网应用和物联网业务提供中心化服务。

在分布式工作模式下，物联网业务平台可以部署在系统侧的多个位置（例如，多个数据中心），也通常由单个平台供应商管理，并向物联网设备、物联网应用和物联网业务提供分布式服务。

在去中心化工作模式下，物联网业务平台是由一群相互独立的参与者建立和维护的，这些参与者可能是互不相关的，可以是互信的或不互信的。在这种工作模式下，物联网应用、物联网业务、物联网设备可以成为物联网业务平台的组成部分，共同提供物联网服务。此外，在去中心化工作模式下，不再需要考虑参与者是在系统侧还是在终端侧。

不同类型的物联网业务平台可以建立在相同或不同的通信底层基础设施上，例如，网络、云、大数据、安全、管理、计费等。

使用区块链技术搭建的物联网业务平台，是一种去中心化的业务平台，简称为区块链物联网（Blockchain of Things，BoT）。区块链物联网支持物联网实体在去中心化的模式下相互协作。在一个物联网实体上可以部署一个或多个物联网区块链节点（BoT 节点）和去中心化应用（dApp）。物联网实体通过 BoT 节点去中心化运营，实现区块链 + 万物互联的新业态、新生态体系。

当物联网业务以智能合约方式部署时，物联网设备可以通过查询和执行相关智能合约来访问对应的物联网业务；同时，外部物联网设备也可以查寻和执行相关辅助性智能合约以获得访问物联网业务的访问许可，然后与对应的物联网业务直接交互。根据物联网业务的需求，物联网业务和物联网设备可以把双方交互的结果数据存储在所应用的区块链分布式账户上。

2. 基于区块链的云服务

利用区块链技术和云计算平台可以搭建区块链云服务（BaaS）平台，向开发者与行业用户提供区块链底层技术服务。

通信运营商可以云计算平台为基础，融合大数据、区块链等技术，向区块链应用开发者提供基于 BaaS 的服务开发环境，让应用开发者在弹性、开放的云平台上快速构建自己的 IT 基础设施和区块链底层技术服务。

开发者使用 BaaS 可极大降低实现区块链底层技术的成本，简化区块链构建和运维工作，专注于满足行业用户的个性化需求或制订专业化解决方案。BaaS 还可为应用开发者提供安全服务能力，例如，配置具有防范内部攻击、高认证等级的业务系统隔离、安全服务容器、防篡改硬件安全模块、高度可审计的操作环境等。

同时，区块链云服务亦可致力于向区块链行业用户提供基础技术能力，具体可包括企业级区块链基础设施，端到端解决方案，以及安全、可靠、灵活的区块链云服务等。用户可在实现安全可靠交易对接的前提下，利用可视化数据管理手段，有效降低企业运营综合成本，提高运营效率。

区块链云服务可以与物联网的边缘计算基础设施相互融合，利用物联网的边缘计算节点向物联网用户和设备提供区块链＋物联网融合业务。同一通信运营商或者不同通信运营商的物联网边缘计算节点可以构成联盟链，这些边缘计算节点可以代表物联网设备存储数据和参与协作，从而可以加快物联网设备之间的协作效率。

## 区块链赋能物联网运营全景图

区块链技术的应用为物联网提供了点对点直接互联的数据传输方式，也给物联网的发展带来了更多的可能。

1. 区块链的微支付模式

目前不少智能设备已经能够通过智能物联网代替人工处理一些日常工作，部分完成订购、销售、支付等商业活动。而在这个商业活动中，系统必须具备精确的数据信息、安全稳定的传输体系、机器之间点对点的电子支付体系。

构建在区块链上的支付体系不依赖第三方可以让支付与清算同时进行；

基于区块链的点对点支付以及智能合约等技术的应用，可以使机器与机器的交互更加便利，更易于实现。

2. 高效且智能的网络运行机制

基于区块链的去中心化和共识机制特性，物联网上跨系统的数据传输将“下沉”到区块链层，这将大大降低应用系统的复杂性。物联网也将由IoT（Internet of Things）时代演进到CoT（Chains of Things）时代，构建全新的链上世界。

3. 万物账本驱动的万物互联

把基于区块链的智能设备网络“数化”入网，将会形成一个“万物账本”，这是一个分布式的总账系统，具备区块链的一切特性，如安全可靠、不可干预、防止篡改、可编程等。这个账本里记录着所有数据的交换记录，并在运行中不断积累这些记录，并由该特定网络中的协作节点维护，于是在此基础上构建的万物互联机制将可信且稳定。

具备分布式特性的物联网与区块链之间有天然的关联，人与人、物与物、人与物之间的交流与互动将更加高效便捷。

## 志愿者医疗互助与第三方配送合伙人发展

医疗互助利用较低门槛解决慢病大病医疗费问题，具体方法是：参与者之间互为互助志愿者，为有医疗救助服务需要的患者提供帮助，互助互利，风险共担。比如，用户一次交费 99 元成为区块链底层技术开发的医疗减免平台的终身医疗互助会员，用户如果患病，可在不增加开支的情况下，利用自己日常消费所得的医疗金（补贴）报销各种医疗费用；若医疗金不足，可以在医疗减免志愿者平台上发布医疗互助筹，获取即时的医疗费用救助。

在国外，互助保险很早就出现了，一些具有共同要求和面临同样风险的人自愿组织起来，预交风险损失补偿分摊金，一般是针对重大疾病。这种互助保险可根据群体需求量身定做，费用比几大知名保险公司的大病险低廉很多，且购买方便。

医疗互助跟保险的不同点在于，各会员完全参与其中，大家关心互助志愿者团体中每一个人，包括谁生病了、谁需要医疗救助、钱什么时候到账等问题，这需要平台拥有足够的自证性。

医疗互助平台需要按照规则救助，用户的医疗救助需求和志愿者的医疗救助爱心均通过区块链底层技术进行数据存证。

传统的保险理赔有人为的因素在其中，比如在核保过程，最终还是由人来做调查、判断、出报告。同时，出险理赔需要时间，用户往往很难第一时间获得险金。而在医疗互助领域，区块链技术可以保证信息的准确性，用户的信息一旦存储在区块链系统里，任何人都无法修改。在平台上，每一个医疗互助凭证都包含用户本身的身份信息以及加入计划的时间等关键要素，并把这些信息放到区块链上。所有资金流向明细都在区块链上记录，区块链数据不可伪造和篡改的特性确保了数据的真实有效，所有监管单位、公众媒体、普通用户都可以随时查看和监督。此外，跑在公有链上的医疗互助不依赖于某一个中心服务器是否在线，可以保证所提供的服务永不宕机。

医疗互助志愿者第三方配送合伙人平台是区块链＋万物互联技术应用的一个典型案例，是与医疗减免 App 和数字集市云平台合作共同开发的同城即时惠民服务平台，将爱心志愿者自有资源专注和集中到第三方物流配送领域的一个细分目标市场，专为有闲暇时间或兼职的同城配送车手提供增值服务，并为附近的医疗救助志愿者或合作商家提供同城取货、送货即时服务。不库存商品，不参与商品买卖，整个配送流程平均不超过 45 分钟，客户足不出户即可满足同城即时配送的需要。

平台主要的创新点是为同城配送车手提供增值服务：①所有参与平台配送的车手均可获得终身的医疗报销和医疗互助保障服务，保障配送车手的健康；②让配送车手在闲暇的时间里多一个抢单配送的机会；③让配送车手获得免费的专业化培训服务；④完成配送可获得贡献值和信用分，享受数字资产的财富增值；⑤配送车手均可成为平台的配送合伙人，共享生态资源，享受物联网品牌红利。其主要特征是：①平台需求方或服务方均具爱心志愿者的实名认证身份；②所有志愿者身份及消费数据记录等均由区块链底层技术记录，均可溯源且不可篡改；③交易各方去中心化、去合同化，可以实现海量交易的自组织、自管理、自闭环；④公开透明，自由匹配，个性化配送，能够满足不同消费者的不同需求；⑤所有成员均有义务参与医疗救助爱心公益行动和消费捐赠活动；⑥实现全平台信息共享价值化，所有参与信息传递各方均可享受现金奖励，极大地提高了社群的信息共享效率。

# 第九章　区块链+新零售：打造新时代的智慧零售

# 区块链是新零售的突破点

在这个新零售时代，如何寻求发展和突破，区块链的应用不失一个很好的发展方向。从该模式的范式要求来看，该模式的核心无非就是消费决定生产，生产背后需要一系列强大且科学的供应链系统。

在新零售环境下区块链的应用大有裨益，具有以下特点：

（1）去中心化 / 去中介化。区块链信任机制保证数据真实性，不需要外在信任背书主体介入，安全性高。

（2）开放。系统是开放的，除了交易各方的私有信息被加密，区块链的数据对所有人公开，信息透明。

（3）自治。任何交易均具溯源性，任何人为的干预都不起作用，减少外来的逆向干预。

（4）信息不可篡改。链上数据只能增加、不能修改的特性，决定了交易的公开透明和不可篡改性。

（5）匿名。交易双方无须通过公开身份的方式让彼此产生信任，对信用的累积非常有帮助。

（6）低成本。店铺无需支付大量的推广费用，无需交付高额的平台使用费。

# 密钥共享产生巨大协同效应

区块链具有的分布式记账、密码学以及智能合约等技术，具有去中心化、公开透明、不可篡改、可溯源认证的特点，刚好契合了商品新零售溯源防伪和便于流通的需求。利用区块链时间戳、去中心化、共识机制等技术优势，企业可通过供应链网后台将商品信息上传到数字集市云平台产品库上，一个商品从生产到终端消费的信息均不可篡改；利用区块链技术做身份认证，将数据和人的授权行为绑定在一起，实现账本数据的真实性；通过区块链存储系统把原产地、生产商、渠道商、零售商、品牌商和消费者有机链接，所有数据流通信息和链接各方都可查可看，为新零售带来信任与消费的巨大协同效应，使新零售业态的商品具有更高的转化率和购买率，商品的质量更具可信性。这些协同效应离不开区块链技术的非对称加密系统的良好运转和密钥共享。

但非对称加密系统需要使用不同的密钥来分别完成加密和解密操作。密钥由公钥和私钥组成，公钥公开，私钥保密，是一串随机产生的数字，类似银行卡的密码，不可篡改，遗忘无法恢复。密钥在钱包内存储，由钱包管理。

密钥的生成一般都首先通过密钥产生器并借助于某种噪声源产生具有较好统计分布特性的序列，然后再对这些序列进行各种随机性检验以确保其具有较好的密码特性。

不同层次的密钥产生的方式一般也不相同。

（1）主密钥：虽然它的密钥量一般很小，但作为整个密码系统的核心，需要严格保证它的随机性，避免可预测性。因此，主密钥通常采用掷硬币、骰子或使用其他物理噪声发生器的方法产生。

（2）二级密钥：可以采用伪随机数生成器、安全算法（例如，可以在主机主密钥的控制下由 ANSI X9.17 所给出的算法产生）或电子学噪声源产生。

（3）会话密钥：可以在加密密钥的控制下通过安全算法动态地产生。

区块链私钥的安全涉及私钥的生成、存储、使用、找回、销毁、更新等几个环节。

1. 私钥的生成安全

区块链的私钥由非对称加密算法产生，我国常用的有三种：RSA（优势是性能比较快）、ECC（优势是加密强度最高）和 SM2（优势是中国版权，国家大力支持）。

2. 私钥的存储安全

私钥的存储和使用一般分为软实现和硬实现。

（1）软实现，即存储和使用都以软件形式。密钥生成后作为文件或字符串保存在用户终端或者托管到服务器，使用时直接或通过简单的口令控制读取私钥明文到内存，通过 CPU 完成私钥计算。这种存储和使用方式显然有很多安全风险，容易被黑客或内鬼复制、窃取、暴力破解等。

（2）硬实现，一般以专用密码安全芯片或者密码设备为载体，一般有物理保护、敏感数据保护、密钥保护等机制，确保私钥必须由专用硬件产生。在任何时间、任何情况下，私钥均不能以明文形式出现在密码设备外；密码设备内部存储的密钥应具备有效的密钥保护机制，防止被解剖、探测和非法读取。私钥不可导出，仅可计算输出签名值。比如金融领域常见的U盾（UKEY）、金融IC卡、加密机等均属于此类方式。

3. 私钥的使用安全

从密码破译角度来说，私钥在使用一定周期后，应该更换密钥，这就涉及私钥销毁和更新的问题。

在金融领域，一般通过数字证书的有效期来绑定密钥的有效期，比如一年。一年后密钥更新，重新申请证书，应用系统重新绑定该密钥。

在区块链领域，私钥是唯一代表用户身份或数字资产的钥匙，如果更新密钥，需要重新绑定注册或者转移数字资产。但在区块链网络里看起来这就是一个新的，所以区块链私钥的更新会更加复杂一点。

私钥的找回在区块链领域也是个问题。传统中心化的银行如果U盾丢失或者忘记密码，通过账户系统重新绑定一个新的U盾（私钥）即可。账户和私钥是逻辑上的绑定关系，由中心化的银行在满足风控要求下操作。而区块链的私钥是直接操作数字资产的钥匙，丢失就等于钱消失。

## 通过区块链整合会员数据、积分的好处

传统积分系统已经形成了成熟的模式，但是存在一定的问题，区块链

通证虽然价值巨大，但是仍然处于探索阶段。理想的方法是将传统积分模式同区块链技术相结合，通过多层次价值链网发挥最大效用。

加入了区块链，所有积分数据都在区块链账本上得到加密保护，不会出现大规模数据泄露的现象。同时，依据区块链的个人匿名性，密钥可以在消费者的要求下跨行业、跨企业共享，产生巨大的协同效应。

对于零售商来说，消费者积累的海量积分可以在区块链上直接消费，减少商家间的收付、验证等环节，零售商的供应链系统结合区块链还能够进行商品溯源，减少欺诈，提高运用效率。

随着区块链技术的不断发展以及应用的逐步推广，相信很快就能看到新型的区块链通证形式的积分，将积分的价值和区块链创造的可信网络环境融合起来，充分发挥国家“东数西算”工程的算力数字资产的价值及其价值链网传递的作用，渗透到更多的商业领域。

现在区块链和移动钱包也正在颠覆公司发放奖励和优惠的方式。区块链是创造去中心化和加密程序的一种新技术，它更快、更安全、更透明，具备现行的奖励制度所需要的一切技术基础，同时也带来了智能合约，就是加密的数字合约。

区块链应用在不同领域的会员数据、积分之后，展示了其独特的价值优势：

（1）用户的各种信息数据会更加安全。区块链比以前的任何技术都安全，通过使用智能合约和区块链，客户数据得到了前所未有的保护。

（2）效率更高。企业发放积分和优惠券的速度更快，用户使用积分或优惠券的速度也更快，并且可以执行更准确的奖励程序。

（3）容量更大。奖励程序可能会有数十亿的交易量和需要存储的大量数据，而区块链技术可以更低成本地解决这一问题，节约大量计算和存储资源。

（4）多层次价值碎片重构。将在万物互联中产生的价值碎片通过价值链网特定的硬件和软件进行重构利用，可以让价值在更多层次上进行增值和流转，如果再把各个商家的积分系统都打通，那么用户的使用体验就会更好，这就是应用区块链技术的特色和优势所在。

首先人类社会发展本身就是多层次的结构、能量和信息不断发展和变化的过程，这些发展和变化的界面本身就会产生大量碎片；其次在当今海量的大数据时代，数据的涌现、迭代及交互所产生的不同层次碎片更加凸显，原先不显现其价值属性的数据信息经过人工智能、云计算或宽带高速传输等技术的放大逐渐变得重要起来；最重要的是区块链技术的多层次场景应用及其本身的多层次结构特征让不同层次的结构、能量和信息得以通过联盟链或跨链技术有机地连接在一起，让众多原本微不足道的、可以忽略的细微价值碎片都得以重构放大或增值利用，让现实社会各个产业的价值单链形态变成多链结构的业态，甚至各行各业或者说各个领域都有可能针对不同的业务场景去实现更加复杂的价值网状结构交互和流转。基于区块链底层技术构架的万物互联芯片及跨链连接器为应用软件领域提供了数据接口规范和标准，让多层次价值碎片重构更灵活地通过多层次算力呈现更高效率的多层次价值流转。其部分工作原理可简单描述如下：

（1）各种业态领域的每一个母链分别构建其总账本，分别在多个价值共识节点之间进行同步。

（2）价值链网结构中，每一垂直链条或网状结构都分别相对地自成一个体系，无论是从开放结构上的公链还是从独立功能上的母链，以及无论是它们的私链或是联盟链还是子链或侧链，都在自己的节点之间进行数据的复制和传递，独立记账。

（3）母链和子链间通过跨链连接器保证母链对子链价值的一致性、合法性、完整性，做跨链校验以及纠正和确认，保证链间价值合法合理合规流转。

（4）母链和子链按照功能和价值链网搭建业务结构，并编写跨链逻辑。

（5）单一功能账本的使用和记录在单独的功能子链上进行，在校验没有发生跟母链或非本链数据变动的情况下，只在单链自行进行查询、校验、记账等，单链需要行使的区块链价值链网体系功能，极大地提高价值链网并行计算能力，维系良好的可扩展性和可利用性。

## 顾客忠诚度计划让个性化消费更安全、更具价值

在数字时代，顾客忠诚度并没有消失，也没有衰落的迹象，而是正在被彻底改造。从传统意义上来看，消费者行为的关键驱动因素在于价值、便捷程度和顾客体验，而如今，品牌和零售商如果想赢得顾客的忠诚度，就需要更多地去考虑消费者的购物选择、目的和隐私，让消费支付成为一种投资增值。

顾客忠诚计划正在不断进化，基于中国—东盟区块链（桂链）的数字集市医疗救助工程将积分细分为IDO信用分、医疗金和购物分以进行顾客的消费积分激励计划，将顾客、零售商和供应商在数字集市云平台上整合成统一的利益共同体，将消费收入和消费算力转化为可以流转的积分，为客户提供个性化的服务和消费增值体验，为增加零售商销售收入和供应商生产流动资金赋能。

针对年轻人的顾客忠诚度计划应该是什么样？

在中国，许多科技企业为了抓住精通前沿技术和知识的年轻顾客正在重新定义他们的顾客忠诚计划，希望把自己的产品融入年轻人的日常生活之中。如果企业能够根据年轻人的特点为其提供适合的优惠或推荐与年轻人相关的商品，这种模式的确会吸引许多年轻人，但无论如何，要想获得年轻人的关注和忠诚，企业仍然需要生产足够吸引年轻人的个性化消费产品和提供高品质的体验。资料显示，现在的年轻人比以往几代人吸收了更多、更广、更深的知识，年轻人是喜欢共同话题、移动新媒体和社交的群体，他们每一天都有不断变化的新需求和新欲望，并经常调整和优化自己的行动。绝大多数年轻消费者对区块链技术和互联网平台等新鲜事物的接纳度较高，但同时也不愿意牺牲个人隐私来获得他们想要的价值和体验。因此，即使企业的业务足够灵活、产品走在时代潮流的前端，想通过新媒体和点播服务了解他们想要什么或是影响他们的同时，又要能够保障他们的私隐和体验，也要通过区块链技术伴随年轻人同步成长。针对年轻人的个性化消费场景和创业场景的区块链技术应用，可以很好地解决品牌商品与零售商、消费者与法规制定者所需要共同面对的隐私安全、消费增值和初始创业年轻人最关注的问题。任何企业，如果缺乏了针对年轻人的顾客忠诚度计划，都不会成为大品牌，都将失去由未来年轻人所主导的巨大市场。

## 沃尔玛供应链成区块链试验田

沃尔玛以创新优化供应链而闻名，其在2019年便开始致力于区块链技术在供应链管理中的应用，同年还启动了一个可持续的供应链金融项目。

作为世界上最大的零售商之一，沃尔玛的成功归功于有效和高效的供应链管理。这家连锁店一直是与供应商建立伙伴关系的先驱，他们更像是合作伙伴而不是竞争对手。10年前它就实施了RFID技术，在供应的每一个环节都用货物跟踪托盘链条。这家企业已成为其他零售连锁店的标杆。

沃尔玛为电子记分牌（RetailLink）的推出做出了贡献，供应商和运营商可以使用电子记分牌来衡量他们在提供最高质量客户服务方面取得的进展。

自2016年以来，沃尔玛一直与IBM合作，在整个食品供应链中应用区块链技术做到可追溯。沃尔玛全球区块链计划的第一步始于保障中国市场的猪肉供应链安全。

此项目利用IBM基于Linux基金会旗下开源软件Hyperledger建立的区块链技术，可及时将猪肉的农场来源细节、批号、工厂和加工数据、到期日、存储温度、运输细节等产品信息以及每一个流程的信息都记载在安全的区块链数据库上。通过该项目的实施，沃尔玛可随时查看其经销的猪肉的原产地以及每一笔中间交易的过程，确保商品都是经过验证的。

从2019年9月起，沃尔玛连锁超市和山姆会员店都要求生鲜绿叶菜的供应商采用IBM开发的分布式账本，对产品进行实时的端对端追溯。这意味着100多家企业都必须使用IBM的区块链服务。

现在沃尔玛的计划是扩大技术范围，以便通过查明食品链中的问题来帮助减少食源性疾病的传播，同时避免在召回期间零售商和供应商遭受巨大损失。

公司还计划对其他生鲜水果和蔬菜的供应商也提出类似的强制要求。随着强制要求范围的扩大，很多商家将会加入进来。

## 生态农业产业链的县域农贸市场

区块链作为一种集去中心化、信息不可篡改及底层开放等特征于一身的前沿信息技术，在农业产业链等多主体协作环境中有着重要的应用价值。

腾讯区块链及中国—东盟区块链（桂链）联盟链运营的数字集市云平台的区块链电商，致力乡村振兴，与多家农户及商家抱团成为志愿者联盟和共享联盟，鼓励有闲置资金的城镇志愿者与有田地的农户共创数字超市，共同建设无公害、纯生态、高品质、可溯源的健康食材。其以订单式农业发展种植牧草，用青草和牧草制作的饲料喂养猪、牛、羊、鸡、鸭、鹅、鱼、鸽子，利用猪牛粪便制作成有机肥种植牧草，打造绿色生态农业。同时，打造集农业、观光、深加工为一体的产业园，绿色健康食材以订单式提供给全国各地客户，以线上下单、线下便利店提货或送货上门方式，共建、共享生态化的农业产业链业态成果，在相互赋能农户 + 商家的同时，实现了消费者不可篡改和可以追溯的积分激励方案，帮助线上线下消费者以更少的钱购买农副产品并获得记账式消费投资的收益。如今，蚂蚁区块链已经应用在安徽砀山梨、景德镇瓷器等商品的鉴别场景，尤其是安徽砀山县的良梨村，已经成为砀山酥梨的发源地和核心产区，更是被贴上“中国区块链第一村”的标签。

这些互联网大厂为何会在农业领域下注呢？因为农业市场容量巨大，同时有着“数据孤岛”的行业难点，所以区块链在进入公证、合同、证券等领域后又开始向农业进军。

事实上，区块链不仅能解决农产品经营的一系列困惑，还具有更多现实意义，能够为诚信的农民和厂家验明正身，使消费者降低甄选正品的决策成本，还能为政府减少产品投放社会后造成的损害，一举多得。

区块链所具有的分布式储存技术、哈希函数、非对称加密技术、时间戳技术等能够实现农业产业链数据的快速共享，并有效保障产业链各节点数据的真实性，为农产品追踪溯源及产业链内部利益的分配提供可靠数据支撑。同时，区块链的智能合约能实现产业链内部快速交易，提高产业链协作效率。

传统农业产业链运行中存在信息不确定性，主体间存在信息隔阂，农业产业链中的一些个体出于利益考量会产生机会主义倾向，通过损害其他主体利益实现获利，造成产业链内部信任缺失，影响合作稳定性。

通过区块链技术与农业产业链融合，农业产业链各节点的数据信息通过区块链构建的农业产业链内部联盟链进行存储和传输，农业产业链中每一个网络节点都能无约束地与其他节点链接，农业产业链内部主体均可跟踪这些联盟链上的信息，对产业链其余主体的行为进行快速识别和记录，便于抑制部分主体损害产业链利益的行动。

# 第十章　区块链+产业互联：打造新时代的智慧工厂

# 区块链在物流行业的应用方向

一直以来，“多、小、散、乱”是传统物流行业的痛点，和数软件通过流程优化、物流征信、物流追踪、物流金融四个方向的应用，实现商流、物流、信息流、资金流四流合一，不仅解决了商品所有权转移过程中各个主体之间的信任摩擦问题，还打造了以自动化和信息共享为前提的高效运作模式，最终达到减少货物运输费用、提高客户体验的效果。

区块链在物流行业的四大应用方向：

1. 流程优化方面

通过区块链与电子签名技术，单据流转和签收全程实时上链，全程无纸化，信息流与单据流合二为一。待到计费对账时，账单或异常调账等关键信息均在区块链上，通过智能合约完成自动对账。

2. 物流追踪方面

区块链技术与物联网技术结合，实现商品从生产、加工、运输到销售等的全流程闭环的透明化、可追溯。前者保证数据存放真实可靠，后者则保证数据在收集过程中真实可信。

3. 物流征信方面

将区块链上可信的交易数据（包括服务评分、配送时效、权威机构背书等信息）录入，将过往的物流数据沉淀下来，结合行业标准评级，对物流参与方进行信用评级。

4. 物流金融方面

依托区块链上的征信评级、应收账款、资产等信息，核查真实的贸易背景，帮助金融机构完善中小型企业的 KYC（Know Your Customer）画像，规避金融风险，精准落实供应链金融服务，解决中小微企业融资难的问题。

## 区块链技术在物流供应链上的应用价值

当前，物流企业的物流系统都是中心化的，在实际运营过程中要与供应链上下游企业进行数据的交接，而交接过程各个接口的信用签收凭证主要还是纸质单据和手写签名，这种纸质化管理直接造成运营过程的成本高、效率和安全性低、结算周期长等问题。

物流中小微企业融资难。物流供应链上的中小微企业没有良好的企业评级系统，信用等级普遍偏低且没有信用等级凭证，而影响融资的关键因素就是企业的信用等级，因此物流中小微企业很难得到机构信任，很难获得融资贷款。

区块链在物流供应链上的应用价值主要体现为：

1. 实现供应链流程优化

区块链与电子签名技术能够实现物流供应链运营过程的无纸化管理，将单据流转及电子签收过程上链存证，在承运过程中运用 RFID 等物联网技术，保证运输配送等过程中数据的真实性，再结合车载 GPS 系统获取位置信息，使单据流、信息流和实物流在运营过程中保持一致，保证计费所需数据的真实准确，大量降低了成本，提高了工作效率。

在对账环节，将订单生成、询价、报价、配送等期间产生有效数据的环节都上链，信用主体电子签收后，生成基于区块链的电子运输结算凭证，通过智能合约自动对账，并将异常调账过程上链。整个对账过程是高度智能化并且是高度值得信任的，极大地降低了交易主体的顾虑。

2. 物流融资

区块链网络系统承载着供应链各个主体在生产、加工、物流、销售和反馈等流程中的关键数据，这些数据组成不可篡改的真实贸易信息数据链，实现相关资产的数字化。

区块链可以确保各个信用主体累积的交易数据真实可靠且不被篡改，包括主体的融资数据、还款数据和质押物数据，都可以作为后续交易双方交易前对融资风险评估的依据。

## 供应链全程追踪让商品来源透明和可验证

区块链＋物流可视化技术可以实现供应链网中各个链条的全程可视化，无论是供应链上下游企业，还是消费者和监管机构，都将从供应链网的可视化中获益。

对供应链上下游企业来说，拥有完善的商品追溯体系已经成为相关企业应对消费者需求的至关重要的差异性成功因素。比如，在生鲜行业中，生鲜厂商和零售企业通过区块链 + 物联网可以精确把控各环节的温湿度和储存时间，从而优化库存管理、提高生鲜产品质量，获得消费者青睐。

对消费者来说，则可通过扫描溯源码实现精细到一物码的全流程货物追溯，方便地读取产品质量信息。对监管机构来说，在国家对商品安全监管的要求日益提高的背景下，区块链 + 物联网为提高监管效率和精度提供了必要的技术手段支持。

零售行业近年来发展迅猛，坐拥万亿级别市场体量。但零售商面临着物流与库存管理环节带来的产品损耗和质量风险。在物流环节，物流温度记录实时性较差，多为自动采集、人工记录，易产生偏差，甚至存在作假与虚报的风险。在库存管理端，当前仓储管理方式极大依赖人工对于变质过期生鲜产品的库存盘点，耗时耗力，难以实时根据生鲜产品新鲜程度及销售情况对仓储和上架进行调整。

基于区块链 + 物联网技术的物流管理体系解决了产业链跨度较长、各环节难以无缝对接的痛点。物流特别适合应用区块链 + 物联网技术，冷藏箱的电力系统可同时满足箱体制冷需求和物联网设备的电力要求。通过物联网全程追踪，可以保证物流监控全流程不断链，而区块链技术进一步为实时上链数据的安全、准确提供担保。

将仓储、干线运输、配送等各个环节的实时产品库存与货架时间数据真实上链，不仅可以指导现有分销、配送环节的优化，还可以起到协同作用，助力供应链优化生产、仓储、干线运输与配送等环节。

1. 产品库存数据

实时记录与保存在库产品的生产日期与保质期，将数据与零售商和工厂共享，并在库存有过期风险的情况下提供警报。

2. 物流数据

监控产品在各个物流环节的温度与平均停留时间，并在温度与停留时间达到阈值以上时突出显示需要关注的区域，进行温度过高 / 过低的预警与低效运输路段的提示。

3. 零售上架数据

跟踪零售商货架上所有产品的新鲜度以及产品在货架上所需的销售时间，即将过期或者因滞销导致的新鲜度不合格的产品将被突出显示。通过结合库存、物流与货架三方数据的分析，可以将真实的产品消耗情况反馈给供应链上游，优化采购节奏与采购决策，及时调整库存水平与周转率、有效进行分销端的配送，降低产品损耗。

## 从菜鸟物流看区块链在物流场景中的应用

2021 年在“6 · 18”期间，菜鸟“秒级换单”区块链技术已覆盖全国重点港口。商家使用依托于该技术的换单平台提交申请，几秒钟就可完成保税商品出货。

该换单平台利用区块链技术打通船公司和港口之间的数据屏障，具有流程化协作互信、全程可视、时间可控、风险可防、全程无纸化的优势。

如今，这一平台已覆盖上海、宁波、南沙等 6 个重要港口，帮助进口商家解决通关慢、收货急等痛点，已有近百家大型商家使用此服务，菜鸟甚至还在京津冀、大湾区等地区增加了更多试点港口。

随着 2021 年天猫“6·18”活动的启动，数百万吨天猫“6·18”好货进入菜鸟仓，29000 多个海外品牌进入菜鸟全球供应链网。进口商品中，备货排名靠前的类目分别是美妆、医疗保健品和母婴用品。

与此相关的菜鸟“精确射频识别技术”获得了中国物流与采购联合会颁发的物流技术创新奖。这是继条形码、二维码之后的第三代识别技术，已经具备大规模商用条件，有望大幅推动供应链和物流领域的数字化升级。

射频识别技术（RFID）一般被用于供应链商品流通中的货物盘点、出入库交接以及全链路追踪。此前因为技术突破有限，识别准确率不高，一直未能大规模投入实际应用。但该技术已将识别准确率较于此前的 80% 左右大幅提高到 99.8%，达到全球领先。

除此之外，菜鸟自主研发的智能手持作业终端“菜鸟 LEMO PDA”凭借对物流生产工具的重构，大幅提高了物流作业效率，获得德国红点设计大奖。

自“菜鸟电子面单”开启包裹数字化之后，菜鸟在 IoT 物联网技术领域也相继推出了机器人仓、无人车、自动化分拣、智能驿站、数字通关等全链路数字化解决方案。

## 京东率先应用区块链溯源技术

京东从当初中关村的一个小专柜发展成为世界 500 强、全年 GMV 突破万亿的中国最大的零售商，是如何一步步进行自我反思、自我迭代和自我革新的？头部企业如何拒绝浮躁，探索出一套安全、透明、可信赖的跨境生态服务体系？值得整个行业思考与借鉴。

以一颗小小的蔓越莓为例，由于蔓越莓对生长环境要求极为苛刻，全球仅有不到 4 万英亩的稀有产地能成功种植蔓越莓。Ocean Spray 是世界最大的蔓越莓制品品牌，由三位美国果农在 1930 年创立，目前全球一半以上的蔓越莓经由 Ocean Spray 加工后在全球近百个国家出售。

京东全球购与 Ocean Spray 进行了战略合作，签订直采和直供协议后，Ocean Spray 海外自营旗舰店正式在京东全球购上线，将优质的蔓越莓产品从产地直接送至消费者的手中。双方还联手打造了安全可靠的跨境溯源之旅，实现了从原产地到消费者的全程物流信息追溯，并结合区块链技术，务求让众多消费者买得放心，吃得安心。

每一颗蔓越莓被北美农场果农精心栽培、挑选后，运用高效技术令其保鲜，不含添加剂和防腐剂，最后远赴重洋，直到到达国内消费者餐桌，整个链条皆有迹可循。用户在京东全球购上下单后，就可在订单中心点击“一键溯源”，查询商品全程物流信息，商品何时何地的状态信息一目了然。

实际上，京东全球购这套全程正品追溯背后，是京东首创以及独创的、领先行业的区块链溯源技术。借助区块链技术，可将商品原材料过程、生产过程、流通过程、营销过程的信息进行整合并写入区块链，实现精细到一物一码的全流程正品追溯。

也就是说，每一条信息都拥有自己特有的区块链 ID“身份证”，且每条信息都附有各主体的数字签名和时间戳，供消费者查询和校验。区块链的数据签名和加密技术让全链路信息实现了防篡改、标准统一和高效率的交换。

京东借助区块链技术，真正实现了品牌商、渠道商、零售商、消费者、监管部门、第三方检测机构之间的信任共享，全面提高品牌、效率、体验感、监管和供应链整体收益。消费者无须再费尽心思分辨真假，商家也无须担心在仓储物流环节产生假货进而损害自身声誉。

值得注意的是，打击假货，京东不是只身在战斗，还积极争取了权威部门的背书，联手国家质检总局打造商品溯源系统。京东物流和参与商品进口链条上的各个合作伙伴，共同发起成立了“跨境溯源联盟”。该联盟成员包括中国出入境检验检疫协会等行业权威机构，也包括沃尔玛、好奇、达能、莎莎、Rakuten、ebay 精选等 20 大全球知名品牌商以及德迅、亚致力等国际性的货运服务商等合作伙伴，覆盖美国、德国、日本、法国等全球热门的跨境电商商品输出国。

整体来说，京东整合了提货、运输、仓储、清关和配送服务，打通了保税备货和跨境直邮两种形式的跨境电商供应链信息，形成跨境物流领域的全链条服务。整个过程信息共享，全程透明，打造了一个“新链路、高品质、全透明”的跨境生态服务体系。

# 第十一章　区块链+数字教育：实践化、智能化学习体系

# 区块链应用于教育领域带来的优势

随着现代远程教育的兴起和大规模开放在线课程的推广，开放教育已经从趋势变为了共识。

开放教育的形式丰富多样，突破了面授的单一形式。但是，现有的教育系统尚不能很好地适应这种模式，面授以外的学习过程和学习结果往往不被公众认可，从而产生了信任危机。

即使是在传统的高等教育领域，若学生的学历信用记录体系不完整、不透明，也会导致政府或者企业无法获得完整的有效信息。在求职时，又存在学历造假、简历造假等问题，而用人单位和相关院校则缺乏简单高效的验证手段。

为此，需要一种新的机制来保障人们在享受教育开放带来的便利的同时，保障教育应有的公信力，并进一步推动教育走向开放。

区块链带来的优势：

1. 加强知识产权保护，搭建教育信任体系

在教育领域，可以利用区块链技术的可追溯性实现对教育资产与智力成果的版权保护，从源头上解决知识产权纠纷问题。

此外，在教育领域还可以将学生成绩、个人档案以及学历证书等重要信息存放在区块链上，防止信息丢失或被恶意篡改，构建安全、可信、不

可篡改的学生信用体系和知识体系，助力解决当前学生信用缺失、全球学历造假以及专业知识虚构等问题。

2. 优化教育业务流程，实现高效、低廉的教育资源交易

在教育资源共享方面，一方面，利用分布式账本技术实现用户与资源间的直接联系，能够简化操作流程，提高资源共享效率，以此促进教育资源的开放共享，解决资源孤岛问题；另一方面，利用去中心化特性剔除交易中介平台，能够实现消费者与资源的点对点对接，从而减少费用支出，简化操作流程，打造高效、低廉的教育资源交易平台。

3. 通过分布式数据生成和更新数据，实现非人工操作管控

当区块链技术运用于在线教育网络架构时，老师授课、学生听讲的教学记录信息会在系统内全程留痕，再结合记录、核实等机制，做到老师评价、学生反馈和教学结果的透明、可信，实现了非人工操作的管控，辅助智能化决策，提高了教育管理效率，有利于课后管理的科学合理，解决了家长担心的课后无人管的问题。

4. 分布式存储与记录可信学习数据，实现校企高效对接

在教育领域，学生的个人信息、学习成绩、成长记录等内容都可采用分布式存储记录方式。分布式存储在教育系统中，在保证信息真实安全的基础上，可以向其他学校或招聘单位共享数据内容，作为学生求职面试的重要依据。

利用分布式账本技术向用人单位展示学生的学业成绩与专业技能，搭建学生与企业交流的桥梁，建立校企合作新模式，以此实现学生与用人单位的高效对接。

5. 开发教育智能合约，构建网络资源及平台运行新模式

在开放教育资源建设方面，利用智能合约的透明、自动执行等特性，可以实现资源上传、认证、流转、共享等工作的自动化执行，降低资源共享成本，提高资源共享效率，构建网络资源流转新形态。

6. 实时追溯资金去向，实现教育捐赠规范透明

很多时候公益教育基金难以监管，资金去向不明，捐赠人在做出慈善行为之后心理上获得的精神激励不足。使用区块链技术，用户捐的每一笔钱都会形成对应的一个包裹，包裹通过区块链平台传递，每经过一个节点都会盖上一个时间戳，最后送至受捐人手中。这样，用户捐的每一笔钱都是透明、可追溯、难以篡改的。

此外，利用智能合约可以建设高效、智能的网络学习社区，实现学习社区的“自组织”运行，并实时监控社区生态环境，自动屏蔽、删除不当言论，营造积极向上的社区氛围。

## 区块链技术将给教育行业带来变革

国内外目前有很多先知先觉的行业精英，也包括很多敏感思辨的专家，从各个方面预测了区块链和教育结合的应用。其中特别聚焦和落地的描述包括这五个方面：数字资源版权管理，学习行为数据采集，教培市场规范，教育公益透明，人才档案管理。我们很赞成这种具象的应用场景分析，对于具体产业化应用很有建设作用。

具体来说，区块链应用于教育将会带来以下四个方面的变革：

1. 面向顶层设计共享的变革

利用分布式账本技术根据学习者的具体特征实现学习者与资源间的定制化联系，同时在教育资源事务处理时，利用去分布式特性分散网络化存储，实现学习者与资源基于区块链的点对点链接，减少不必要的访问和资源浪费。

2. 面向学习环境融通的变革

区块链可以针对分布式学习环境，打破传统教育服务被集中于学校单一场域的局面，使学习者可以在任意地点学习，并获得有效的学习认证，推动教育体系的变革。

3. 面向资源自主构建的变革

利用合约算法的特性，可以令资源遵照互认标准自动上传、认证。值得说明的是，利用合约算法可以建设高效、智能的学习空间建设机制，实现学习空间针对学习者特征的“自组织”构建，实现智慧教育系统环境的智能构建和资源的生成，并能够监控学习空间的资源和学习的生态环境。

4. 面向学习绩效测评的变革

学习者的基础信息、学习过程、学习时序特征、认知过程、学习测评记录等内容都采用分布式的记录方式存储在智慧教育系统中，在维护信息安全的基础上，可以向其学习者、学习空间或者其他学校共享数据内容，作为学习者升学的重要依据。

# 区块链在教育领域的七种应用体系

区块链技术已经广泛应用于金融等领域，区块链在教育体系中的应用也刻不容缓。

借用区块链技术在其他领域的应用模型，教育行业可以利用区块链技术的去中心化、不可篡改的特点，结合互联网自身的优势来实行教育系统的改革。区块链在教育领域的应用体系和应用价值主要体现在七个方面：

1. 分数采集跟踪体系

从小学到高中的教育进程中，中国的教育体系主要是以成绩来评价学生的素质情况。在分数采集跟踪体系中，如果运用区块链技术形成去中心化的分布式数据结构存储系统，学校之间就不需要另外搭建平台来获得学生的素质评分。老师可以在该系统中查看学生过去的表现，包括学习内容、学习记录，更加了解学生。

同时，利用区块链技术的去中心化和不可篡改性，可以使对学生的评价更加公开透明、有迹可循，有效规避“暗箱操作”。当学生成绩错误时，也可以通过该体系及时更正。

2. 证书认证体系

一些教育机构已经尝试将学习认证记录在区块链上，为使用者提供方便、可信的数字证书。首先是平台课程证书，区块链技术为在线教育提供了具有公信力，且成本低的证书体系；其次是大学生教育证书，比如大学英语等级证书、大学计算机等级证书、毕业证书等。

利用区块链去中心化的、可验证的、防篡改的存储系统，将学历证书存放在区块链数据中，能够保证学历证书和文凭的真实性，使学历验证更加有效、安全和简单。同时，能节省人工颁发证书和检阅学历资料的时间和金钱成本，以及学校搭建运营数据库的费用，是解决文凭和证书造假的完美方案。如果所有学校以及培训机构都应用区块链证书认证体系，这将实现学历证书的公开透明性，也将给用人单位聘用人才带来便捷。

3. 校园卡体系

现阶段的校园卡并非真正意义上的“一卡通”，它可以畅游校园，却不能“畅游全球”。

在目前的校园卡支付体系中，银行或者学校后勤系统充当第三方，来协调学生与交易体系之间的关系，不可避免会出现被欺诈、盗用等事件。在这种情况下，应用区块链技术的不可篡改和可追踪性，可以迅速定位校园卡信息，进一步完善校园卡的信息安全。

4. 数字化学习平台认证体系

中国大学生上课平台以及其他网络课程平台的兴起表示在线教育模式已被广泛接受。但目前，学分体制不完善、网络课程不被学校承认等因素，已经成为人们学习网络课程的一大阻碍。

应用区块链技术，形成数字化学习平台认证体系，可以解决相关问题。区块链技术中“时间戳”的加印，可以保证学生学习信息的真实性，实时记录学生学习信息。

5. 共享知识宝库体系

将区块链技术应用于知识共享体系，可以构建一个灵活自由的大规模信息共享网络。

信息需求者、信息供给者在使用共享知识宝库子体系时，需要在区块链上注册个人信息，再利用智能合约的透明、自动执行等特性，实现资源上传、认证、流转、共享等工作的自动化执行，降低资源共享成本，提高资源共享效率，构建网络资源流转新形态。

6. 学术版权维护体系

在网络技术发达的今天，零成本复制以及使用盗版已成为众多网民获取知识信息的手段。对教师等原作者来说，也面临着自己制作的网络课程被盗用的情况，严重影响其创作的积极性。

应用区块链技术构建学术版权维护体系，可以加强知识产权或者教学资源版权的安全性。基于区块链技术的公开透明以及不可篡改的性质，可以很好地了解资源的应用进程，并追溯版权信息的所有者，避免产权纠纷。

7. 跨境支付体系

随着国际学术交流的日益频繁，跨境支付问题越发突出，区块链可以利用去中心化特性摒弃中转银行的角色，实现点到点、快速且低成本的跨境支付，区块链技术一方面突破现有系统间割裂的现状以及额度等监管限制，另一方面能够在解决问题的基础上构建扁平化、低成本、高效运转的全球一体化支付系统。同时，区块链技术也提高了交易的安全性。

# 区块链在教育领域的八个应用实例

虽然还处于早期阶段，但是教育领域已经将区块链视为可以彻底改造整个教育体系的正确的技术了。

下面，我们来看区块链在教育领域的八个应用案例。

1. Blockcerts——学历证书区块链

Learning Machine 与 MIT 的 Media Lab 合作创建了 Blockcerts，一个基于区块链的可以创建办法并验证学历证明文件的开放平台。通过在区块链上创建类似学术成绩单和资格证书这样的记录，利用 Blockcerts 审查文件是否可信并发现伪造的信息。

有超过 600 名 2018 年毕业的 MIT 学生选择接收 Blockcerts 区块链上的数字毕业证。这些学生的学术记录将永远保存在区块链上，未来的雇主可以随时进行验证。

2. APPII——资格证书区块链

英国的 APPII 使用区块链来验证资格证书，利用区块链、智能合约以及机器学习技术，来验证学生和教授的学术资格证书。

APPII 的用户可以创建个人档案并填写其学术简历，包括教育历史和学习成绩报告。APPII 使用区块链来验证用户的背景并将其信息锁定在区块链上。

APPII 与 The Open University 合作创建了一个资质和认证平台，用于管理学生的不可修改的学术记录。

3. Gilgamesh——知识分享区块链

Gilgamesh 是一个基于区块链的知识分享平台。其就像一个社交媒体网站，学生和作者可以在 Gilgamesh 平台上交流探讨小说或其他作品，不过区别在于 Gilgamesh 会奖励用户 GIL 代币，以鼓励用户参与内容的分享、讨论和创作。这些代币可以用来购买平台上的数字化的学术书籍。

Gilgamesh App（目前仅支持 iOS）的功能、特性包括书籍推荐、社交媒体信息流和用于保存 GIL 代币的钱包，同时支持与其他知识极客的互动。

4. ODEM——去中心化教育产品集市

瑞士的 ODEM 是一个去中心化的教育产品和服务集市。ODEM 利用区块链将教育者、学生和专业人士连接到相关的课程和资源。利用智能合约，教授和学生可以就选择哪些课程可以有助于积累专业背景的问题达成一致。ODEM 账本可以了解学生曾经学习的课程或教授曾经教过的课程，这对于两者在 ODEM 平台上建立学术声誉都是有帮助的。学生也可以使用 ODEM 代币来支付课程费用。

ODEM 为教育者和学生开发了技能勋章，以展示他们在特定领域的专业程度。这些勋章背后的动机就是，一个教授的勋章增长越快，就会有越多的学生选择这个教授的课程，而学生对某一领域的技能越感兴趣，就会有越多的教授希望加入这一领域的教学。

5. Sony 环球教育——竞赛成绩区块链

Sony 环球教育与 IBM 合作开发了一个区块链平台，其支持教育机构在该平台账本上记录学生的学术成就及其他适当的信息，从而创建不可否认的学习记录。

区块链帮助教育机构记录学生的数字化成绩单以及学生的支付记录。Sony 环球教育使用这一区块链平台为参加 2018 年世界数学挑战赛的选手颁发了参与证书。这些证书可以作为永久的分数报告，有助于这些参赛选手的深造学习或职业申请。

6. BEN——区块链教育网络

BEN 由世界各地对区块链感兴趣的学生和毕业生组成，由 MIT 和密歇根大学的学生发起，BEN 现在已经有超过 4000 个会员，他们分享区块链方面的思路、构建原型并上线其产品。

BEN 联合创始人杰里米·加德纳（Jeremy Gardner）声称 BEN 上的企业的总价值超过了 110 亿美元。

7. Disciplina——衔接学习与就业的区块链

爱沙尼亚的 Disciplina 使用区块链登记学生的学术成就和大学入学资格证书，其去中心化算法可以根据学生的学术成就和资格证书自动计算一个得分，这样大学就可以利用这一得分，并根据学生已经学习的以及还未学习的课程来决定其学习计划。

Disciplina 已经放出了其区块链平台的 Alpha 版本，这样大学和学生就可以熟悉 App 的使用。Discpilina 的学生 App 支持查看自己的教育历史；教师 App 则提供教授的档案信息、教学风格以及所开设课程等方面的内容。

8. Parchment——资格证书区块链

Parchment 为学生、学术机构和雇主提供数字化资格证书服务。K–12

教育者可以使用该平台上传有关学生学习进程中的任何重要的数据，高等教育机构可以使用该平台查看学业表现、处理申请、制作不可修改的毕业证书。另外，学生可以随时访问平台上的教育信息，并且可以与未来的雇主分享其学术成就。

Parchment 最近与 x2VOL 结为合作伙伴，x2VOL 记录学生的学习经历，以便为大学和雇主提供学生的学术和个人方面的信息。

# 第十二章　区块链+保障系统：构筑社会多层次保障体系

# 商业保险的积极作用

目前我国社会保障体系的建设时间不长、国家财力有限，商业保险在有效减轻财政负担、缓解政府压力、尽快扩大社会保障覆盖面和提高保障水平上发挥了积极作用。

1. 在基本保障层面

商业保险积极发挥社会管理功能，提供精算技术支持、理赔管理、资产管理、保险金发放等服务，实现社会保险资金的保值增值，减轻政府财政压力，提高了保障机制运营效率。近些年来，保险业积极开展了被征地农民养老保险、城镇贫困人员救助医疗保险，积极参与新农合、城镇职工基本医疗大额费用保险。

2. 在补充保障层面

商业保险为保障计划的发起、运营、给付提供了全程服务，成为社会保障体系的重要承担者。保险业积极发展企业年金、团体养老年金保险和城镇职工补充医疗保险。

3. 在个人保障层面

商业保险发挥着主导作用，提供更多的保障产品和更高的保障程度，弥补社会保险供给的不足。商业养老和健康保险是保险业的传统业务，目前已经在此方向上开发出了上百种年金产品和上千种健康保险产品。

4. 在其他社会保障层面

商业保险为保障国民经济稳定运行做出了积极贡献。在2008年初南方低温雨雪冰冻灾害和2008年5月12日汶川地震两场重大自然灾害发生后，保险业全力投入到抗灾救灾和灾后重建中，已经成为国家灾害救助体系的重要组成部分。

目前，全国开展的“三农”保险险种达160多个，范围涉及种植业保险、养殖业保险、渔业保险等九个方面。可以说，农民的生产生活基本上都涵盖在保险服务中。“三农”保险在服务社会主义新农村建设中发挥着越来越重要的作用。

## 跨链或联盟链与保险业嵌合度分析

保险业是为了应对风险而诞生的行业，其本质是采用大数法则下的互助行为。

区块链具备分布式存储特点，可以连接整个保险产业链，在保险业务各个环节发挥作用。区块链与保险行业有很大的契合性，能降低信息传递过程中的各类成本，是未来保险行业的重要基础设施和信任工具。

区块链的核心好处在于它在共享信息的同时，也在各个利益方之间建立了信任。共享的信息被加密为块的电子列表，不能被篡改，有助于增加用户之间的信任。一旦记录了信息，就不能在不更改所有记录的情况下进行更改，这也为用户之间的安全交易提供了保障。区块链技术的特性对于保险的益处在于，有助于确保信息的准确性、安全性和可信度。

智能合约使区块链用户能够透明地转移任何有价值的资产，而不受中间人的干扰（如转账、买卖虚拟资产）。与实物合约的相似之处在于智能合约规定了两方之间的交易规则；不同之处则是智能合约可以跟踪保险索赔并让双方承担责任。

此外，可以将保单编写成智能合约，它包含了保险的基本要素。例如，用户同意在固定时间支付给保险公司一定保费，而当发生事件触发了保险的条款时，智能合约就会帮助保险公司自动给用户赔偿等。该过程在双方之间建立了一种相互信任感，原因有两个：一是所有数据都透明显示；二是机制都是自动化的，不会有人为的损失。

保单中有许多用户敏感信息，包括一个人的健康状况、工作收入以及其他个人信息。而这些信息如今大多数被储存在中心化的保险公司数据库。如果该数据库被黑客入侵，用户的数据将会有被泄漏的风险。而区块链技术能够有效提高数据的安全性。

节省成本是区块链可以提供的另一个主要好处。理赔、管理、承保和产品开发可能会受到区块链使用的影响。如今，许多企业运用区块链的目的都集中在降低成本上。保险公司最初考虑的领域包括使用区块链实现支付索赔的自动化。区块链有能力通过验证公司和再保险公司之间的覆盖范围来实现自动化索赔功能。它还将使各方之间的索赔支付自动化，从而降低保险公司的管理成本。根据普华永道的数据显示，区块链技术可能为保险行业在成本方面节省高达 100 亿美元。令成本减少的方法主要包括增强风险分析、流程自动化和加快理赔速度。基于区块链储存数据，未来要基于数据估算保费时，保险公司可以得到一个可靠的数据来源。此外，保险公司也不必花许多成本、时间来获得上述数据。

## 财产和意外伤害保险：通过智能合约编写业务规则

对于以车、房等物为保险标的的财险和意外险，一大难点便在于收集处理理赔所需的必要信息。时至今日，仍需要手动录入大量数据以及多方的协调合作，这是一个易出错的过程。

通过向保单持有人和保险人开放数据追踪和管理实物资产的权限，区块链技术可通过智能合约实现业务规则编写和自动处理理赔，与此同时还能提供永久性记录。

保险可被视为一份载明投保人所需缴纳保费和保险人承担赔偿责任条件的合同。麻烦之处在于，对于“损失”的界定可能是十分主观的，而保险的展开正是围绕着核验每份保单的条件是否被满足。假如你最近发生一起车祸，且对方负全责，为弥补损失，你需要向保险公司提出索赔，保险公司将会进行查勘并向肇事者的保险公司提出索赔，而对方的保险公司却有着一套不同的理赔流程。

因此，财产保险和意外伤害保险成为区块链技术引人注目的应用方向就毫不意外了。区块链可帮助保险企业实现实物资产的数字化管理、追踪和保险。区块链中的智能合约可将纸质合同转化为可编程的代码，这有助于自动理赔并计算各方应分摊的责任。如果说合同是两方或多方间以法律为约束的纸质协议，那么智能合约就是建立在区块链上的两方或多方间以代码为约束的协议。例如，当保险公司收到索赔申请时，智能合约可自动确认保障范围，并将特殊事件转交人工审查。

区块链在提高保险公司后端处理效率的同时，也为用户带来了优质的用户体验。以 DocuSign 为例，通过和 Visa 合作推出区块链原型，实现了在线处理，简化了租车和为车投保的过程。从选车到选择保险计划直至付款的全流程都在区块链平台上被记录、上传及核验。

## 医疗保健：将医疗数据控制权交还病人

如今，由医疗服务提供方、保险公司和患者构成的医疗服务体系处于比较混乱、低效的运转状态，健康保险的发展因此受到了阻碍。

患者在他的一生中通常会问诊多位医生和专家，但由于参与到医疗保健中的人员众多且所属机构不同，想让他们之间共享敏感性的医疗数据是较为困难的。同一患者的医疗记录也因此分散在不同的医疗机构和保险公司中，不同机构之间重复和错误的记录导致了高昂的管理费用和冗余的流程。

加密保护的区块链可使上述问题迎刃而解。它在保护患者隐私的同时，能建立全行业同步信息的数据库，每年可节省数十亿美元。

目前，医疗业难以合作和共享数据有两大主要原因：一方面，医疗记录的后端基础架构已过时。虽然目前全球电子医疗记录市场估值约为 280

亿美元，但不同的供应商和保险公司采用的是不同的标准和格式来存储患者信息。医疗数据往往需要在医院、保险公司、诊所和药房之间进行协调。另一方面，法律对隐私的严格保护也使不同机构之间难以实现数据共享。在美国，有专门的 HIPAA 法案保护患者个人信息的安全，但其负面影响是医疗服务提供方和保险公司之间难以就患者医护情况进行协调。

区块链技术可将患者的医疗数据管理权交还给患者本人，并根据具体情况给予患者访问权限。医疗记录的区块链系统可为分布式账本上每一记录保留加密签名，避免了保险公司和医疗服务供应者不得不在各种数据库间核对患者信息的问题。签名可为每一文档加密并进行时间戳记，而无需实际在区块链上存储任何敏感信息。以下是两个相关案例的介绍：

1. 由 MedRec 开发的用于存储医疗数据的区块链系统

文档内容的任何变更都会在共享账本中被记录，保险公司和医疗服务供应者因此可审查各组织的医疗信息。此外，区块链可通过启用精密权限设置以满足合规要求。为满足研究需要，还可将数据匿名共享。

Gem Health 正是这样的一家网络公司，该公司致力于让患者、医疗机构和保险公司能够实时查看患者的健康状况时间表并提高理赔效率。Gem Health 目前已与飞利浦公司合作，共同建立可用于企业医疗服务管理的私有区块链。

2. GemOS 区块链上的医疗保健系统

另一相似案例是 MedRec，一个由麻省理工学院设计的医疗记录的分散式内容管理系统。它通过为区块链上的医疗数据建立索引，允许获得权限的供应商访问记录，而非直接将医疗数据存储在链上。这一设定在保护患者隐私的同时，为查找、核验患者信息提供了便利。虽然目前 MedRec 还是处于概念验证阶段的学术项目，但它为人们理解如何通过区块链技术保护医疗数据提供了实用模型。

值得一提的是，区块链技术目前还不是健康保险领域的救命良方。现阶段来说，要想有所建树，保险领域内的区块链公司仍需克服较大的监管和法律障碍。

## 社会救助：区块链让基础救助更具协调性和透明度

社会救助是一项直接面向底层社会弱势群体的具有福利性、保障性、服务性的工作，对保障弱势群体权益、消除社会问题风险、创新社会管理服务、提高政府形象具有非常重要的作用。

社会救助制度中的多个项目分属不同的政府部门管理，导致基层管理体制以及其他社会保障制度间的协调性不够高，各部门间无法获得相同的信息，或者需要重复获得信息授权，造成巨大的公共资源和时间浪费。

依托国家数据共享交换平台体系，完善社会救助资源库，将政府部门、群团组织等开展救助帮扶的各类信息统一汇集、互通共享，为相关部门、单位和社会力量开展救助帮扶提供支持。社会救助运用区块链，可以让善心落到实处。相关的全部公开信息都可以上链，能够实现救助对接，信息透明；实施救助者也可直接在区块链上查询项目的详细信息，保证善款落实追踪，降低善款使用成本，提高善款传递效率。

同时，区块链的特点还有助于构建安全、低风险和快速建链的联邦式系统，解决阻碍协作互通的因素。基于区块链开发的“民政救助综合服务平台”，将通过点对点的、分布式账本来记录、存储和验证信息，实现救助工作数据汇聚一张网、部门协同一站式、上下联动一体化，推动城乡低保、专项救助、临时救助、医疗互助、慈善救助等相互补充、无缝对接，推动社会救助资源统筹力量整合、信息共享、规范高效。

区块链技术因其去中心化、不可篡改、可追溯等技术特性在社会救助上起到重要作用，但这仅仅是未来的一个缩影。区块链正慢慢进入大众视野，并悄无声息地触及大家的生活。随着使用区块链技术的行业渐多，落地应用渐多，区块链技术将成为我们生活中必不可少的存在。

# 第十三章　区块链+数字社交：用户每项操作都与价值关联

## 解决中心化社交痛点

中心化社交的痛点主要包括：

（1）基于互联网系统的社交网络防篡改性很差，中心化的运营可能会出现宕机。

（2）平台通过分析用户在社交平台行为的数据盈利，而用户并没有获得利益上的回报，存在分配不均的问题。用户在社交平台点赞、发布内容的行为无法获得相对应的回报，而平台通过大数据分析用户的行为、偏好、痛点可以精确发布广告、营销文章，这样不利于社交平台生态的健康发展。

（3）用户在社交平台发布的个人信息被过度商业化，发布文章的知识产权没有得到保护。用户的个人信息被多次贩卖，会打扰到用户的日常生活。同时，若用户在社交平台发布的文章被免费转载，而原著作者无法得到相对应的回报，那么社交平台文章内容的质量只会逐步下降。

（4）对于社交平台上的广告、虚假消息、网络暴力、诈骗等内容，现如今的中心化社交平台并没有适当奖惩制度，使网络内容质量得不到保障。有些用户将社交平台当作情感的发泄口，恶意评论他人，传播消极观点，被评论的人的现实、社交生活都被严重打扰，而网络暴力者却没有受到惩罚。

区块链具有去中心化、信息不可篡改、匿名安全的特色。将区块链技术运用到社交行业能够解决现如今中心化社交平台的痛点，满足行业需要。

## 用户交互由去中心化的社交网络实现

每年，中心化的社交网络都会对用户和开发者的行为施加更多限制。他们似乎相信，限制选择是通往健康网络的道路。而事实可能恰恰相反。一个去中心化的社交网络可以通过做出中心化网络无法做到的两个强有力的承诺来挑战这一假设，他们可以保证用户拥有与受众的直接关系，而且开发者可以一直在网络上建立应用。

中心化的社交网络密切控制其用户接触受众的能力。他们突出一些帖子，压制其他帖子，以增加页面浏览量和广告收入。但是，可靠地接触受众对用户来说是有价值的，且不仅仅是在发帖后获得报酬的那种方式。

网络与开发者的关系也有争议。他们带来了数百万的早期用户。开发者们建立了备用的客户端，发明了用户界面范例，甚至推出了价值数十亿美元的游戏公司。但随着他们的成长，网络意识到他们不再需要开发者了。开发者的 API 成为减少收入和增加复杂性的负担，并被限制或完全关闭。现在，只有那些在公司内部拥有政治权力的人可以尝试新的想法。

一个去中心化的社交网络协议可以通过确保对网络的开放来改变这种动态。公司仍然可以通过提供服务赚钱，就像 Gmail 的电子邮件和 Github

的 Git 一样。但去中心化的访问确保他们不能垄断和忽视用户。它创造了一个基于市场的方法，使最好的想法可以在平等的基础上竞争。

1. 足够的去中心化

如果两个用户可以找到对方并进行交流，即使网络的其他部分想要阻止，社交网络也能实现充分的去中心化。这意味着用户总是可以接触到他们的受众，但是只有开发者可以在网络上建立许多客户端时，去中心化才可能是真的。只有一个客户端存在，就可以阻止用户的交流。

当然，社交网络做的不仅仅是发送消息。他们还能将信息组织成一个线程，发送推送通知，并推荐新的用户来关注。这些功能不容易去中心化，且人们想要的东西清单会比去中心化的能力增长得更快。但这些功能并不影响充分地去中心化，客户可以以集中的方式建立这些功能。电子邮件采取了类似的方法，发送消息是协议的一部分，但客户端必须开发自己的垃圾邮件过滤器。

2. 扩大网络规模

社交网络是用户之间通过中心化服务器传递的一系列信息，减少中心化的一个简单方法是消除对中心化服务器的需求。用户可以选择任何他们喜欢的服务器来存储他们的信息，并使用一对公私钥对各服务器进行签名。公钥成为用户的唯一标识符，并且消息是防篡改的。

# 信用升级，信息公开且不可被篡改

简单来说，区块链是一个去中心化的分布式账本数据库，其实就是一种数据库技术。各区块就像一个硬盘，把信息全部保存下来，再通过密码学技术加密，被保存的信息就无法被篡改。

区块链这个账本去中心化的分布式储存公开且透明，使数据更方便快捷地产生价值，同时信息的不可篡改、可追溯性也为用户带来了安全感，使人与人之间变得更加互信。

举例来说，以前，A 找 B 借钱，需要借助银行信用中心 C 的中介角色授权来完成借钱过程。现在，不用银行 C 这个信用中心的角色，A 找 B 借钱这件事情会被告诉给 D、E、F，并将这个借钱凭证记在个人账本上，且每个人的账本按规则连在一起，A 想赖账都不可能。

总的说来，区块链是一个分布式的公共账本，任何人都可以核查这个公共账本，但不存在单一的用户可以控制它。也就是说，区块链这个分布式的数字账本记录了曾经所有发生并经过系统一致认可的交易，每个区块都是一个账本，不仅能记录交易信息，还有更多功能。

区块链多功能具体表现为，它能将生活中带有价值凭证的事物，如出生和死亡证明、结婚证、所有权契据、学位证、财务账户、就医历史、保险理赔单、选票、食品来源以及其他任何信息，可以通过编程代码的形式呈现出来，满足存证需求，共享数据，实现多领域应用场景。

## 绝对免打扰，广告推送成为个人可以选择的盈利模式

区块链时代悄然来临，有望成为人们认知的新升级，包括对商业模式的颠覆与创新。服务改变发展，日常生活中无处不在的广告也不例外。

目前存在一种新的在线广告形态，其将广告或延伸信息的视频通过SPK内嵌到页面的文字，用户长按文字即可播放相关视频并实现交互，通过“文字即广告位”改变传统广告强制、无关、占地、费时间的痛点。

对于用户来说，再也不用忍受垃圾广告，或者浪费自己的时间。对于自己可能感兴趣的广告和内容，用户可以通过长按文字来观看视频，观看完视频后如果有购买欲望可以直接下单，无须跳转到另一个网站或者App。

对于广告主来说，可以确保广告访问信息真实不可篡改，为广告主避免了因类似传统广告粗放投放和机器人刷量而造成的资金浪费。

区块链是一个不可被修改也不可被破解的数字分类账本，可以跟踪每一笔货币的创建和交易，任何人所持有的数字资产价值和数量以及交易路径都是可见的。同时区块链还防止数据被删除或改写，一旦某份文件被改动，其他文件就会被同步更新，从而保证透明度。

全网共识、分布式记账和可追溯，使运行在区块链上的交易可以全程

被加密跟踪，当事方（包括广告主在内）对交易进展具有可控性，人们不需要通过第三方提前确认双方信用，这不仅有助于降低交易风险，而且没有中间商赚差价，可降低交易成本，提高交易的效率和可控性。

# 后记

经过多年的努力，也凝聚了个人及团队的创新、实践和总结，终于将这本书编写完成。我既感到高兴，又有些遗憾。高兴的是，自己的努力终于有了结果；遗憾的是，仅靠这十几万字，并不能穷尽区块链的意义和作用。

感谢我的太太黄新茹一如既往对我无微不至的关心和支持，感谢黄祺俨、黄祺雄、梁冠阳三位助手提供的医疗减免 App 等医疗救助区块链技术场景应用平台的相关数据和建议，还有很多亲朋好友的支持如赵臣顺董事长、王耿华董事长、叶武矗总经理等就不一一列出了，以及编写所引用内容的众多编者，在此一并致谢！

在将来的日子里，我还会一如既往地关注区块链，期待它能给我们的生活和工作带来更大的便利。

时代的洪流滚滚向前，各种新技术的出现和发展速度一日快过一日，如果不想自己被埋没在激烈的市场竞争中，就要紧跟社会潮流，将各种新技术为己所用。

记住，创新思维才是硬道理，共同发展才是最终目的！

黄爱强

2023 年 1 月